Cyberbullying

NEIDE APARECIDA RIBEIRO

Cyberbullying

Práticas e consequências
da violência virtual
na escola

2019

www.editorajuspodivm.com.br

www.editorajuspodivm.com.br

Rua Território Rio Branco, 87 – Pituba – CEP: 41830-530 – Salvador – Bahia
Tel: (71) 3045.9051
• Contato: https://www.editorajuspodivm.com.br/sac

Copyright: Edições *Jus*PODIVM

Conselho Editorial: Eduardo Viana Portela Neves, Dirley da Cunha Jr., Leonardo de Medeiros Garcia, Fredie Didier Jr., José Henrique Mouta, José Marcelo Vigliar, Marcos Ehrhardt Júnior, Nestor Távora, Robério Nunes Filho, Roberval Rocha Ferreira Filho, Rodolfo Pamplona Filho, Rodrigo Reis Mazzei e Rogério Sanches Cunha.

Diagramação e Capa: Maitê Coelho *(maitescoelho@yahoo.com.br)*
Imagem de capa: Clarissa Ribeiro Bittes

R484c   Ribeiro, Neide Aparecida.
         Cyberbullying / Neide Aparecida Ribeiro – Salvador: Editora JusPodivm, 2019.
         224 p.

         Bibliografia.
         ISBN 978-85-442-2833-3.

         1. Direito da Criança e do Adolescente. 2. Direito do Menor. 3. Direito Civil. I. Ribeiro, Neide Aparecida. II. Título.

                                                                                    CDD 342.17

Todos os direitos desta edição reservados à Edições *Jus*PODIVM.

É terminantemente proibida a reprodução total ou parcial desta obra, por qualquer meio ou processo, sem a expressa autorização do autor e da Edições *Jus*PODIVM. A violação dos direitos autorais caracteriza crime descrito na legislação em vigor, sem prejuízo das sanções civis cabíveis.

[...] Nós desaprendemos a esperar as coisas terminarem. A gente tem uma ânsia de contar o que está acontecendo que é impressionante. Nós temos a necessidade de comunicar em tempo real tudo aquilo que nos ocorre. Eu, particularmente, fico pensando que a nossa pressa é de avisar que estamos vivendo. Nós temos medo de que o que estamos vivendo no momento não nos baste. Então a gente precisa dividir mil vezes para ver se a gente acredita se nós estamos vivendo. E o que é interessante é que enquanto nós estamos avisando que estamos vivendo, a gente não vive. A pessoa fotografa uma paisagem que ela achou bonita, [...] daí a pouco ela verifica que chegou uma mensagem para ela e nem lembra mais da paisagem. E nós estamos exigindo cada vez mais dos outros, essa pressa também. Eu envio uma mensagem pelo celular confirmo que recebeu e um minuto depois, se a pessoa não me responde, eu já trabalho com a possibilidade de infarto fulminante dela. Ou então, fico nervosíssimo porque ela já visualizou e não me deu nenhuma resposta. Tem alguma coisa errada nesse processo [...] (Padre Fabio de Melo, 2018).

Agradecimentos

Não poderia deixar de agradecer a tantas pessoas maravilhosas que fizeram parte dessa jornada, porque este livro é fruto da minha tese do doutorado em Educação do Programa de Pós-Graduação *Stricto Sensu* da Universidade Católica de Brasília.

Agradeço primeiramente a Deus, pai onipotente e esteio da minha existência, que me deu forças mesmo nos momentos mais difíceis da pesquisa na busca pelo conhecimento.

Ao meu pai, Orcalino Luiz Ribeiro, pelas explicações como professor autodidata nas lições da vida e, principalmente, na lida da fazenda. Um verdadeiro presente ser sua filha.

À minha querida mãe, Ilosana Maria Ribeiro (*in memoriam*), por ter sido a primeira professora a me ensinar a ler e escrever, exemplo de mulher de fibra que carregarei para sempre.

Ao meu esposo, José Márcio, por ter revisado, lido, avaliado e acompanhado desde a escrita da tese até a transformação final do texto em livro.

Aos meus filhos Renata, Rodrigo e Clarissa que, mesmo distantes, participaram de todos os passos alinhados nesse trabalho e pelas sugestões ímpares quanto aos tópicos relacionados à *web*.

Aos meus irmãos Pedro, Sérgio e Lília, a família forte dos Ribeiro, por fazerem parte da minha convivência e por confiarem nas empreitadas acadêmicas que percorri.

Ao orientador da tese, Prof. Dr. Geraldo Caliman, que acreditou no meu potencial e pelas inúmeras sugestões na escrita do trabalho.

A todos os estudantes que não conseguirei aqui nominar, protagonistas de toda essa pesquisa, a quem devo a honra de conhecer novas histórias a cada semestre, por fazerem parte da minha trajetória profissional como docente. A existência da escola depende de vocês, jovens eufóricos e sedentos de novos saberes ao caminharem lado a lado com o professor, na esperança de um futuro promissor e um mundo melhor.

Prefácio

Quando os laços sociais se desfazem
na arena das redes virtuais: o *cyberbullying*

Carlos Ângelo de Meneses Sousa

O ato de escrever um prefácio é um ato de prenúncio, preparação e anúncio. Preparação de quê? Qual o anúncio? Se nas cidades antigas gregas os anúncios públicos e debates eram feitos a céu aberto, nas Ágoras, hoje ao quase findar a segunda década do século XXI, na Modernidade Líquida de Bauman (2011), muitos anúncios são proclamados na arena das redes sociais virtuais.

Não por acaso faço questão do uso dos dois termos e *locus*, o grego e o romano: Ágora e Arena. No primeiro podemos ver os processos de cartografia dos territórios de aprendizagem do se tornar cidadão, no qual se praticava os atos de ouvir e falar, expressar-se e tecer os fios das malhas da política, enquanto exercício, discurso ético e cultivo do bem comum, no convívio com a diversidade e vivência da democracia grega. No segundo historicamente tivemos cartografias de territórios de violência, ódio, morte, espetacularização da barbárie e desejo de subjugação pelo poder impositivo aniquilador das diferenças e da vida, vistos nas lutas dos gladiadores e morte atroz de cristãos.

Simbolicamente, na riqueza e limitações desse uso, podemos pensar nas configurações dos territórios de aprendizagem da vida em sociedade que classicamente tem sido visto nas instituições da família e da escola. Todavia, a Modernidade Líquida tem implodido tais certezas ou supostas certezas de que estas duas instituições, ainda se constituam em sua robustez socializadora de outrora, frente a tantas outras que, literalmente invadem esses lugares da primeira socialização. As mídias digitais amalgamadas nas Tecnologias da Informação e Comunicação (TIC) são exemplos de novas instituições socializadoras, indubitavelmente vistas e experienciadas, desde tenra idade, pelas nossas crianças e diuturnamente usadas e apropriadas pelos nossos adolescentes e jovens.

Perguntar-se sobre como tem sido esse contato, uso e apropriação de crianças, adolescentes e jovens das TIC nesses novos espaços de socialização e sociabilidades é tarefa intransferível de quem quer educar para o Mundo, na bela expressão arendtiana: "a tarefa de renovar um mundo comum" (ARENDT, 1972, p. 247). Nós adultos, sobretudo, somos os responsáveis primeiros por tal compromisso.

Lamentavelmente temos assistido diversos casos, no cenário nacional e internacional, de violências nas escolas que devem, como as Ágoras, ser espaços da formação cidadã e não Arenas de agressões físicas e psicológicas, culminando em massacres. A prática de violência nos espaços presenciais se espraiou, também, nos espaços virtuais, nas redes sociais da Internet. O *bullying* praticado em sala de aula, nos corredores e pátio da escola, agora se virtualizou nas mensagens do *WhatsApp* e diversas outras redes sociais. Contudo, como nos lembra um dos mais reconhecidos pesquisadores e pioneiro nos estudos sobre o *bullying*, Dan Olweus (2012), há uma relação entre o *bullying* e o *cyberbullying*. Ele alerta e recomenda que as escolas direcionem seus esforços de *anti-bullying* nos seus espaços presenciais, enquanto estratégia de reduzir, consequentemente, o *cyberbullying*.

Nesse contexto, a pesquisa da Professora Doutora Neide Aparecida Ribeiro intitulada *"Cyberbullying*: práticas e consequências da violência virtual na escola", na qual tive a satisfação de compor a sua banca de defesa de doutorado no Programa de Pós-Graduação Stricto Sensu em Educação da Universidade Católica de Brasília (UCB), que ora vem a público na forma de livro, nos presenteia com importantes reflexões oriundas de dados empíricos gerados na pesquisa de campo em escolas Municipais de Palmas no Estado do Tocantins, bem como no ciberespaço, e seu cotejamento à luz de um rico referencial teórico para melhor compreender a complexa problemática em tela.

Conforme já assinalei em pesquisas realizadas ao longo de quase uma década na Cátedra UNESCO de Juventude, Educação e Sociedade, da UCB sobre as relações entre Juventudes e Tecnologias é importante não cairmos, de um lado, em perspectivas apocalípticas em que há apenas prejuízo nessa relação ou, por outro lado, em visões românticas ou ingênuas nas quais se acentuam, tão somente a positividade nessa relação. A realidade é complexa, como bem atestam pesquisas brasileiras e internacionais (WALLER, 2019; 2016; MUNHOZ, 2016; SILVA, 2016; SOARES, 2016; OLWEUS, 2012). Sendo assim, exige, também pensamentos e abordagens que considerem essa complexidade, importa saber em que medida as tecnologias interferem e condicionam as relações juvenis e de outros grupos sociais, mas não só, pois como assinalado, há de se considerar a complexidade da realidade. Assim, cada vez mais é revelador tomarmos como referência, também as vozes juvenis e não apenas as dos adultos. Tem se tornado cada vez mais importa saber, de que modo as diferentes juventudes têm incorporado essas tecnologias, "[...] e que tipos de laços sociais são criados, estreitados ou desfeitos? De que modo os jovens se submetem ou reinventam o uso dessas tecnologias? Quais sociabilidades e aprendizagens são gestadas nesses processos?" Indubitavelmente aqui residem demandas para a educação e, especialmente, para os educadores e suas instituições (SOUSA, 2015, p.15).

Retomando a nossa metáfora inicial, se nossos adolescentes e jovens em nossas instituições educativas estão cada vez mais expostos a situações de Arena, de não respeito ao próximo e incompreensão das diferenças, da alteridade e não de vivências de Ágoras, nas quais a educação se faz na experiência do diálogo, no sentido freiriano, certamente estamos apresentando um Mundo comprometido e com horizontes tíbios de esperança às novas gerações.

O crescimento do *bullying* e o *cyberbullying* são sintomas de uma crise maior do nosso modelo de sociedade, refletida, também, em um abandono da responsabilidade pelo mundo por partes dos adultos. E mais uma vez, nas palavras de Arendt, urge tomarmos decisões cotidianas no nosso labor educativo "se amamos nossas crianças o bastante para não expulsá-las de nosso mundo e abandoná-las a seus próprios recursos, e tampouco arrancar de suas mãos a oportunidade de empreender alguma coisa nova e imprevista para nós" e assim "preparando-as, em vez disso, com antecedência, para a tarefa de renovar um mundo comum" (ARENDT, 1972, p. 247).

A presença e o uso das TIC hodiernamente é um fato social e requer docentes preparados para "guiar seus alunos pelo oceano desorganizado de informações", bem como explicita e exige que ele assuma seu intransferível papel de orientar e apontar "aos estudantes o rol de conhecimentos importantes para suas vidas, preocupando-se em ensiná-los o pensamento crítico e científico – ferramentas capazes de torná-los inovativos e ideologicamente emancipados" (MEDEIROS; SOUSA, 2018, p. 104).

O anúncio que a publicação deste livro faz é o de que temos, todos nós, educadores e educandos, ainda que em papéis distintos, uma responsabilidade com a transformação desde Mundo em uma casa comum da boa convivência e cultivo da paz, sem espaço para as diversas formas de negação da fraternidade universal, como o *bullying* e o *cyberbullying*.

Brasília, 07 de maio de 2019.

Prof. Dr. Carlos Ângelo de Meneses Sousa
Cátedra UNESCO de Juventude, Educação e Sociedade
Programa de Mestrado e Doutorado em Educação
Universidade Católica de Brasília

REFERÊNCIAS

ARENDT, Hannah. A crise na educação. In: ARENDT, Hannah. **Entre o passado e o futuro.** São Paulo: Perspectiva, 1972.

BAUMAN, Zigmunt. **44 Cartas do mundo líquido moderno.** Rio de Janeiro: Jorge Zahar Editor, 2011.

MEDEIROS, Cid; SOUSA, Carlos Ângelo de Meneses Sousa. Os mestres de amanhã (de hoje): o professor no uso das TICs a partir da perspectiva anisiana. **Revista Querubim** (On-line), v. 1, 2018, p. 104-111, 2018.

MUNHOZ, Ângelo Caminha. **As apropriações do WhatsApp por adolescentes e suas sociabilidades.** 2016. Dissertação (Mestrado em Educação). Universidade Católica de Brasília, 2016.

OLWEUS, Dan. Cyberbullying: Na overrated phenomenon? **European Journal of Developmental Psychology.** v. 9, Issue 5. p. 520568, 2012.

SILVA, Francisco Valmir da. **Violência dirigida aos professores na Internet:** um estudo na rede social Twitter. 2016. Dissertação (Mestrado em Educação) - Universidade Católica de Brasília, 2016.

SOARES, Leonardo Humberto. **A autoridade docente e a Sociedade da Informação:** educação, crise e liquidez. 2016. Tese (Doutorado em Educação) - Universidade Católica de Brasília, 2016.

SOUSA, Carlos Ângelo de Meneses Sousa(org.). **Juventudes e Tecnologias:** Sociabilidades e Aprendizagens. Brasília: Liber Livro/Unesco, 2015.

WALLER, G. et al.. JAMES. **Focus – News und Fake News.** Zürich: Zürcher Hochschule für Angewandte Wissenschaften, 2019.

WALLER, G. et al.. JAMES – Jugend, **Aktivitäten, Medien – Erhebung Schweiz.** Zürich: Zürcher Hochschule für Angewandte Wissenschaften, 2016.

Sumário

Lista de abreviaturas 21

Lista de siglas 23

Introdução 27

CAPÍTULO 1

As juventudes 33

1.1 Juventude ou Juventudes?.. 33

1.2 Concepção biológica.. 34

1.3 Concepção sociológica: vertente geracional 37

1.4 Concepção da Juventude nas teorias
críticas e pós-críticas.. 42

CAPÍTULO 2

A atuação dos jovens com e na *internet*................. 49

2.1 A conexão teórico sociológica das juventudes
e a relação com a *Internet* 49

2.2 A *Internet* como meio de informação e comunicação 51

2.3 A Internet como espaço dos jovens 65

2.4 A identificação dos jovens no ciberespaço 69

2.5 A comunicação nas redes sociais 75

2.6 A atuação dos jovens nas redes sociais
e os riscos e danos propiciados na *internet* 79

2.7 As redes sociais e os aplicativos virtuais
mais utilizados pelos jovens 80

2.8 Os benefícios e os riscos da *Internet* 91

CAPÍTULO 3

O *cyberbullying* e a teoria
do interacionismo simbólico 105

3.1 Aplicação da teoria do interacionismo simbólico 105

3.2 Os precursores interacionistas 106

3.3 A relação entre a teoria interacionista
e o *labelling approuch* 110

3.4 Definições e modalidades do *cyberbullying*:
pontos de contato com a teoria interacionista 116

3.5 A presença da rotulação nas consequências
advindas do *cyberbullying* na escola 126

CAPÍTULO 4

Políticas públicas 129

4.1 As políticas públicas relacionadas ao *cyberbullying* 129

4.2 O que preveem as normas internacionais 131

4.3 O que preveem as normas constitucionais
e infraconstitucionais brasileiras 134

4.4 Os Projetos de Lei em tramitação
na Câmara dos Deputados e no Senado Federal
sobre *cyberbullying* – período de 2015 a 2017 145

SUMÁRIO

CAPÍTULO 5

Os resultados da pesquisa de campo presencial e virtual 151

5.1 Explicando a pesquisa de campo 151

5.2 Razões que levam adolescentes e jovens a postarem mensagens em redes sociais na *Internet* 153

    5.2.1 Brincadeiras da e na *Internet* 159

    5.2.2 Transgressão na *internet* 161

5.3 Como os jovens se comunicam nas redes sociais 167

    5.3.1 A comunicação dos jovens e adolescentes em grupos fechados e abertos nas redes sociais..... 167

    5.3.2 As postagens nas redes sociais que configurem *cyberbullying* 171

5.4 A ausência de percepção dos riscos e danos................... 177

    5.4.1 O acesso irrestrito na *Internet* e a exposição dos dados pessoais 179

5.5 O papel da família ou responsáveis............................. 181

5.6 Análise das políticas públicas das redes sociais do *Facebook* e do *Instagram* 184

    5.6.1 A identificação das modalidades do *cyberbullying*, das práticas e violências *on line* em escolas de Palmas/TO 189

5.7 Critérios de prevenção da violência virtual com o fomento nas relações interpessoais baseadas nos Direitos Humanos 192

5.8 Propostas de projetos a serem implementados nas escolas 197

Considerações finais 203

Referências... 209

LISTA DE FIGURAS

Figura 1 – Meios de busca na *Internet* dos adolescentes, atividades *on line* em 2013 em (%)...................... 58

Figura 2 – Fotografias com imagens pessoais 60

Figura 3 – Vídeos contendo imagens pessoais 61

Figura 4 – Página *on line* do Google Play............................ 83

Figura 5 – Funcionalidades do *Instagram*............................ 87

Figura 6 – *Emojis* de formatos de rosto exprimindo diversas reações 90

Figura 7 – Texto de mensagem postada no *Twitter*................ 104

Figura 8 – Significado de *Cyberbullying*............................... 121

Figura 9 – Página do *Facebook*: Configurações de privacidade............................. 186

LISTA DE GRÁFICOS

Gráfico 1 – Ferramentas de Acesso à Internet em (%)............. 59

Gráfico 2 – Percentual de pessoas que utilizaram a *internet* no quarto trimestre de 2016 de população de 10 anos ou mais de idade, por sexo, segundo os grupos de idade no Brasil 72

Gráfico 3 – Percentual de pessoas que acessaram a *internet* em cada finalidade de acesso na população de 10 anos ou mais de idade no 4º trimestre de 2016 73

Gráfico 4 – Acesso à *Internet* por jovens com mais de dez anos de idade (2005, 2008, 2011), em %..................... 98

Gráfico 5 – Motivos das queixas em *cyberbullying* no Brasil em 2014... 100

Gráfico 6 – Número de atendimentos por perfil etário em 2014 100

Gráfico 7 – Atendimentos por tópico da conversa
e gênero em 2014, em número
de atendimentos via *Chat* 101

Gráfico 8 – Estudantes que possuem o aparelho celular 157

Gráfico 9 – Estudantes que usam a Internet na escola 157

Gráfico 10 – Respostas dos funcionários das Escolas
de Tempo Integral (ETI),
sobre o controle e o uso do celular e da *internet*
pelos estudantes na escola em (%) 162

Gráfico 11 – Respostas dos estudantes da Escola
de Tempo Integral (ETI) sobre o uso
de rede social durante as aulas 162

Gráfico 12 – Respostas dos estudantes sobre as diferenças
entre riscos e danos na internet em % 178

Gráfico 13 – Respostas dos estudantes
das Escolas em Tempo Integral 191

LISTA DE QUADROS

Quadro 1 – Principais redes sociais e funcionamento 51

Quadro 2 – Estrutura do Sistema Educacional Brasileiro
– Lei n°. 9394/96 67

Quadro 3 – Rede social: *Facebook* 82

Quadro 4 – Rede social: *Instagram* 86

Quadro 5 – Rede social: *WhatsApp* 89

Quadro 6 – Projetos de lei em tramitação na Câmara
dos Deputados e Senado Federal
(Período 2015-2017) 146

Quadro 7 – Entrevistas aplicadas nas escolas/participantes 152

Lista de abreviaturas

abr. – abril

ago. – agosto

ampl. – ampliada

art. – artigo

atual. – atualizada

coord. – coordenador(a)

dez. – dezembro

ed. – edição

et al – e outros

fev. – fevereiro

jan. – janeiro

jul. – julho

jun. – junho

n° – número

nov. – novembro

org. – organizador(a)

out. – outubro

p. – página

reimp. – reimpressão

rev. – revisão

set. – setembro

TV – televisão

out. – outubro

nov. – novembro

v. – volume

www – *web*

Lista de siglas

ACD – Análise Crítica do Discurso

AD – Análise do Discurso

ANATEL – Agência Nacional de Telecomunicações

CAAE – Certificado de Apresentação para Apreciação Ética

CAPS – Centro de Atendimento Psicossocial

CCJ – Comissão de Constituição e Justiça e de Cidadania

CE – Comitê de Ética

CEP – Código de Endereçamento Postal

Cetic.br – Centro Regional de Estudos para o Desenvolvimento da Sociedade da Informação

CF – Constituição Federal

CGI.br – Comitê Gestor da Internet no Brasil do Ponto Br

CNJ – Conselho Nacional de Justiça

CNPCP – Conselho Nacional de Política Criminal e Penitenciária

CP – Código Penal

CPF – Cadastro de Pessoa Física

CPP – Código de Processo Penal

CSSF – Comissão de Seguridade Social e Família

DF – Distrito Federal

DGPC – Delegacia Geral da Polícia Civil

DVD – *Digital Vídeo Disc*

EC – Emenda Constitucional

ECA – Estatuto da Criança e do Adolescente

EJ – Estatuto da Juventude

EJA – Escola de Jovens e Adultos

ETC – Escola em Tempo Parcial

ETI – Escola em Tempo Integral

FIOCRUZ – Fundação Oswaldo Cruz

GO – Goiás

HC – *Habeas Corpus*

IBGE – Instituto Brasileiro de Geografia e Estatística

IBOPE – Instituto Brasileiro de Opinião e Estatística

IDEB – Índice de Desenvolvimento da Educação Básica

IMVU – *Instant Message Virtual Universe*

INEP – Instituto Nacional de Estudos e Pesquisas Educacionais Anísio Teixeira

IPEA – Instituto de Pesquisa Econômica Aplicada

LDB – Lei de Diretrizes e Bases

ME – Ministério da Educação

NIC.br – Núcleo de Informação e Coordenação

OMS – Organização Mundial da Saúde

PBM – Pesquisa Brasileira de Mídia

PL – Projeto de Lei

PPE – Projeto Pedagógico Escolar

LISTA DE SIGLAS

PNAD – Programa Nacional de Amostra por Domicílio

PNE – Programa Nacional da Educação

RI – Regimento Escolar

RJ – Rio de Janeiro

RS – Rio Grande do Sul

SEMED – Secretaria Municipal de Educação

SINJUVE – Sistema Nacional da Juventude

SISNEP – Sistema Nacional de Ética em Pesquisa

SMS – *Short Message Service*

SNE – Sistema Nacional de Educação

SNE – Sistema Nacional de Educação

STF – Supremo Tribunal Federal

TCC – Trabalho de Conclusão de Curso

TCLE – Termo de Consentimento Livre e Esclarecido

TIC – Tecnologia da Informação e da Comunicação

TJ – Tribunal de Justiça

TO – Tocantins

TUC – Telefones de Uso Público

UCB – Universidade Católica de Brasília

UFG – Universidade Federal de Goiás

UNB – Universidade de Brasília

UNESCO – Organização das Nações Unidas para a Educaçao, a Ciência e a Cultura

UNFPA – *United Nations Population Found* (Estudos do Fundo das Nações Unidas para a População)

UNICEF – Fundo das Nações Unidas para a Infância

VCR – *Vídeo Cassete Recorder*

Introdução

A comunicação e os fluxos informacionais estão em constante transformação na sociedade pós-moderna, na interação social e formas de ação com os outros e com o próprio indivíduo (THOMPSON, 1998; LUHMAN, 2005). A *Internet*, que se constitui como uma dessas diferenciadas modalidades de comunicação, tornou-se, nas últimas décadas, uma ferramenta essencial na interação entre as pessoas pela difusão e aperfeiçoamento tecnológico (RIBEIRO, 2006; CASTELLS, 2003; CASTELLS, 2005).

A constelação ou galáxia da *Internet* como denomina Castells (2003), traz novos arranjos comunicacionais, com o surgimento de teias ou redes virtuais, espaços formados por comunidades de pessoas que possuem interesses comuns para inserir, solicitar, modificar, consultar e trocar informações.

Para se ter uma ideia, dados do relatório da Situação de Conectividade, encomendado pelo *Facebook*, revelam que em 2015, o mundo possuía 3,2 bilhões de pessoas com acesso à rede e 4,2 bilhões de pessoas excluídas da *Internet* (*FACEBOOK*, 2017). Todavia, os números apontados ficam obsoletos se comparados com o mundo do *Worldometers* (2018), uma organização americana que licencia números para as conferências das Nações Unidas e mede, em tempo real, vários dados mundiais, entre eles, os números da população mundial, em torno de 7,6 bilhões de pessoas e, aproximadamente, 4 bilhões de pessoas que têm acesso à *Internet*.

Pelos vultuosos números citados, percebe-se uma crescente inclusão de pessoas à *Internet* em várias partes do planeta, não se podendo generalizar, entretanto, na afirmação de que todos possuam em igualdade de condições, acesso à rede mundial de computadores.

O que se constata, na análise dos números informados, é que se trata de uma mediação tecnológica que encanta pessoas de todas as idades, sobretudo os jovens e, ao mesmo tempo, preocupa estudiosos pela caracterização *sui generis* de fluidez da linguagem, na fragilidade dos laços pessoais e na estética remixável em espaços de hipermobilidade das redes virtuais (SANTAELLA, 2004; LÉVY, 2005; SANTAELLA, 2007; WOLTON, 2012; BAUMAN, 2011).

Os jovens no Brasil, são as pessoas com a faixa etária de 15 a 29 anos de idade de acordo com a definição do Estatuto da Juventude, Lei nº. 12.852 de 2013 (BRASIL, 2013). Essa informação é relevante porque no Estatuto da Criança e Adolescente, o adolescente é a pessoa que possui entre 12 anos completos e 18 anos incompletos, o que englobam alguns dos jovens que o Estatuto da Juventude define, ou seja, os adolescentes entre 15 e 18 anos de idade (BRASIL, 1990).

A preocupação relacionada aos jovens deve ser investigada porque a *Internet* é um ambiente que possibilita ao internauta, após o acesso, a conexão com todo tipo de pessoas ou comunidades de pessoas, a veiculação de notícias de toda natureza, verossímeis ou inverossímeis, em suma, um leque de possibilidades de conexões informacionais. Para Castells (2003, p. 9), a *Internet* "é um meio de comunicação que permite, pela primeira vez, a comunicação de muitos com muitos, num momento escolhido, em escala global".

Nesse contexto, o problema emerge na inserção desmedida dos jovens na *Internet*, por não terem acesso às informações completas e seguras que possam auxiliá-los na navegação da rede, caracterizada em um ambiente virtual plural, complexo e multifacetado, o que reflete, por outro lado, em consequências graves a terceiros advindas das práticas digitais arriscadas na *Internet* (OLWEUS, 1993; LIMA, 2011; BLAYA, 2013).

Esse tema tem sido investigado em pesquisas brasileiras por vários interessados ao descobrirem problemáticas que florescem com o uso da *Internet,* tendo sido encontradas 338 pesquisas em recortes variados e autorizadas na Plataforma Brasil, Sistema Nacional de Ética em Pesquisa (SISNEP), sobre questões envolvendo fenômenos da *Internet* e 29, específicas sobre o *Cyberbullying* (BRASIL, 2018).

As preocupações são focalizadas sobre o descontrole do tráfego de informações na *Internet* que podem ser postadas, replicadas e compartilhadas em mensagens de textos, imagens e vídeos e áudios e que possuam conteúdos de cunho pessoal, privativo e desautorizado das pessoas envolvidas.

A velocidade e a superfluidez dos registros e dos dados coletados, atende ao anseio dos jovens que, munidos de aparelhos celulares móveis, têm a facilidade de fotografar, filmar, gravar e enviar o que quiserem em tempo real para qualquer pessoa (BAUMAN, 2011; BLAYA, 2013).

São situações antes impensáveis em que os estudantes, se estivessem na escola e precisassem conversar com a família, deveriam recorrer aos aparelhos de telefone fixos da secretaria da instituição escolar ou aos Telefones de Uso Público (TUP), conhecido como orelhões. Na acepção de Bauman (2010, p. 69), "a capacidade interativa da internet é feita sob medida para essa nova necessidade. É a quantidade das conexões, mais que sua qualidade, que faz a diferença entre as possibilidades de sucesso ou fracasso".

Portanto, da problemática apontada surgem os seguintes questionamentos: a) Em que consiste o fenômeno do *cyberbullying*? b) Quais os motivos que explicam a prática do *bullying* virtual pelos jovens e adolescentes? c) O que se entende por conteúdo da *Internet* que contém riscos e danos? d) Como se compreendem as condutas, reclamações e medidas adotadas pelas vítimas do *cyberbullying*? e) Quais os critérios utilizados pelos governantes para instituição de políticas públicas relacionadas à prevenção e impugnação/supressão ao *cyberbullying* nas escolas municipais do ensino fundamental de Palmas/Tocantins? f) Qual o papel dos atores escolares (gestores e professores) e da família envolvidos no contexto da violência do *cyberbullying* que impacta a escola? g) Quais as políticas públicas existentes nos âmbitos do Governo Federal e estadual que objetivem denunciar, orientar, prevenir e combater o *cyberbullying*? h) Quais e quantos Projetos de Lei estão tramitando na Câmara dos Deputados e Senado Federal sobre o *bullying* virtual no período de 2015 a 2017? Existem normas sobre essa matéria? Caso existam, quais estão vigentes? São eficazes?

Para embasar as respostas, optou-se pelo referencial teórico do interacionismo simbólico da escola funcionalista, a exemplo de Cohen (1968), na obra "Transgressão e Controle", Becker (2008) na obra *"Outsiders"* e Goffman (2013) em "Estigma". Caliman (2008), nesta linha epistemológica explica que a promoção de integração de todos os membros da sociedade inclui os transgressores das regras sociais. Essa concepção pode ser aplicada na análise das práticas violentas na *Internet*, por se tratar de um mundo parecido ao real. O descumprimento das regras sociais mediante a prática de condutas desrespeitosas, a violação de preceitos éticos e de conduta, a evidenciação das diferenças de compreensão entre os usuários verificadas nas falas e nos conteúdos, possibilitou o necessário percurso teórico dos autores apontados.

A metodologia utilizada teve como base a pesquisa qualitativa, que permitiu a flexibilização das técnicas de entrada em campo como por exemplo, a aplicação de entrevistas contendo perguntas abertas, denominadas de metodologias alternativas (DEMO, 2011). Como método auxiliar, fez-se uso da pesquisa exploratória para o alcance do objetivo de elucidar os conceitos e fenômenos complexos e pesquisáveis como o *cyberbullying* (HERNÁNDEZ SAMPIERI; FERNÁNDEZ COLLADO; BAPTISTA LUCIO, 2013, p. 101).

Como o tema envolveu questões relacionadas à *Internet* e às redes sociais, foi preciso que a pesquisa mergulhasse nesse universo para uma análise mais aprofundada e consistente de conhecimento das práticas, dos sujeitos, das modalidades e das consequências das ações perpetradas na *web*. A opção metodológica da netnografia de autoria de Kozinets (2014), utilizada para a seleção e organização dos procedimentos, foi um caminho trilhado pela pesquisadora, ora Autora, no ingresso às redes sociais em grupos fechados do *Facebook*.

A pesquisa em campo, foi realizada em dois campos: *on line* e *off line*: o primeiro, *on line*, como se afirmou, foi concretizado na observação e aplicação de entrevistas. O segundo, *off line*, consubstanciou-se na coleta, análise e geração de dados em três instrumentos técnicos: observação, análise documental e aplicação de entrevistas semiestruturadas em escolas Municipais de Palmas no Estado do Tocantins. Neste livro, a autora optou por ilustrar os exemplos com algumas entrevistas realizadas no campo presencial.

Feitas as considerações do tema, serão apresentados os capítulos. O capítulo 1 trata sobre os conceitos de juventudes e as principais teorias existentes.

O capítulo 2 analisa a relação dos jovens com a *Internet* com a identificação deles no ciberespaço e os principais aplicativos virtuais.

O capítulo 3 aborda a teoria do interacionismo simbólico, a definição do cyberbullying e a presença da rotulação nas consequências advindas da violência virtual na escola.

O capítulo 4 é destinado ao estudo das políticas públicas internacionais e nacionais e os Projetos de Lei que tratam sobre o *bullying* virtual em tramitação na Câmara dos Deputados e Senado Federal no período de 2015 a 2017.

O capítulo 5 apresenta os resultados parciais da pesquisa de campo da tese de doutorado, realizada no âmbito presencial e virtual. A Autora dividiu o capítulo em 6 seções para que o leitor possa entender os principais achados da pesquisa sendo: a) as razões que levam os adolescentes e jovens a postarem mensagens na *web*; b) como os jovens de comunicam nas redes sociais; c) a ausência de percepção dos risco e danos; d) o papel da família ou responsáveis; e) políticas públicas e critérios para prevenção do cyberbullying; e) critérios de prevenção da violência virtual.

Em síntese, um breve relato da obra. Boa leitura.

CAPÍTULO 1

As juventudes

1.1 JUVENTUDE OU JUVENTUDES?

Estudar a juventude não é uma tarefa fácil. Definir é, ainda, mais enigmático nas afirmações de Dumont (1986) ao asseverar que a juventude é um universo diferenciado, porque envolve situações específicas e complexas. A dificuldade de definir o conceito implica repercussão multifacetada que o termo pode ter, das opções de análise e da delimitação de abordagem pelo pesquisador, como "aspectos biológicos, históricos, sociológicos, culturais, dentre outros" (VASCONCELOS, 2014, p. 62).

Neste tópico, entretanto, um panorama do termo e das correntes teóricas do que seja "juventude" ou "juventudes" faz-se necessário porque a abordagem da pesquisa sobre o fenômeno do *cyberbullying* abrange práticas de pessoas que estejam ou se encontram na condição de jovens. Para tanto, partiu-se inicialmente da revisão dos conceitos e do significado do que seja juventude dada a variação conceitual e a evolução histórica das definições e sentidos que a palavra "juventude" alcança.

O conceito de juventude para Islas (2009, p. 18), "nasceu de uma disputa de saberes, na maioria delas, carregada da perspectiva adulta". O autor desenvolve a definição do que seja juventude citando a obra "Emílio" de Rousseau, sob os seguintes aspectos: pedagógico, no reconhecimento da educação integral destinada à criança e ao adolescente como fundamentos do Estado do século XVIII; psicológico, com a criação da adolescência e suas crises, na faixa etária dos 15 aos 20 anos; e, a social, configurada na separação dos conceitos de juventude e família, face à imaturidade dos jovens, sendo esta a mais importante porque o conceito de juventude "vai se modificando e diversificando historicamente como produto das transformações da própria sociedade e de suas instituições" (ISLAS, 2009, p. 18).

Autores como Pais (1990), Islas (2009) e Groppo (2004; 2015a; 2015b), cada um a seu modo, tentam explicar o que seja juventude mencionando as vertentes das teorias antropológicas e sociológicas. Optou-se pelos enfoques biológicos e sociológicos, sem, contudo, ter a pretensão de exaurir todas as perspectivas e reflexões teóricas sobre a juventude.

1.2 CONCEPÇÃO BIOLÓGICA

A concepção biológica de juventude, para Esteves e Abramovay (2007), é um ponto de partida para a aferição dos problemas e políticas públicas relacionados aos jovens. Esse é o destaque dado por Léon (2009) ao admitir que a concepção da juventude como categoria etária tem a finalidade de distinguir o adolescente do jovem, em um entendimento relacionado à articulação com o cotidiano ou a realidade social que estas pessoas estiverem inseridas. Dito de outro modo, a classificação dos jovens por faixa etária, por si só, não é capaz de abarcar as significações que a juventude possui face o contexto social, por exemplo, zonas residenciais de marginalização em contraponto aos condomínios elitizados das grandes capitais.

Todavia, o utilizado pelo Direito brasileiro, na previsão do art. 2°. do Estatuto da Criança e do Adolescente (ECA), Lei n°. 8.069 de 1990, ao definir como criança, a pessoa até os 12 anos de idade incompletos e, adolescente, a pessoa que tenha 12 anos completos a 18 anos incompletos foi o critério biológico (BRASIL, 1990).

Verifica-se essa opção legislativa na responsabilidade penal aplicada aos jovens com dezoito anos, conforme preconiza o art. 27 do Código Penal (CP), Decreto-Lei n°. 2.848 de 1940, ao conceder isenção a imputabilidade penal à pessoa menor de dezoito anos. Ou seja, para as pessoas que possuem menos de dezoito anos ou dezoito anos incompletos, dever-se-á aplicar o ECA e, para a pessoa com idade igual ou superior a dezoito anos, será aplicada a norma repressiva penal. Bitencourt (2018, p. 488) explica que,

> Para definir a "maioridade penal", a legislação brasileira seguiu o sistema biológico, ignorando o desenvolvimento mental do menor de 18 anos, considerando-o inimputável, independentemente de possuir a plena capacidade de entender a ilicitude do fato ou de determinar-se segundo esse entendimento, desprezando, assim, o aspecto psicológico.

A preocupação do legislador brasileiro com a criança, adolescente e o jovem está presente no art. 227 da Constituição Federal de 1988, dispositivo incorporado pela Emenda Constitucional (EC) n°. 65 de 2010, ao estabelecer a previsão de políticas publicas acessíveis a estas categorias de pessoas (BRASIL, 1988).

No mesmo ensejo dessa acepção, a Lei n°. 12.852 de 2013, conhecida como Estatuto da Juventude (EJ), estendeu o conceito biológico de jovem ao estipular como adolescente, a pessoa que tenha idade entre 15 e 18 anos e, jovem, a pessoa que tenha entre 15 e vinte e 29 anos de idade (BRASIL, 2013).

Alinhada à concepção legal, para o Instituto de Pesquisa Econômica Aplicada (IPEA), jovens são pessoas que estão na faixa etária de 12 anos completos a 18 anos incompletos que, em 2013, no Brasil, correspondiam a um grupo de vinte e um milhões, composto por uma maioria de jovens negros, homens e mulheres (64,87%), dos quais grande parte são mulheres (58%) (IPEA, 2017).

Para instituições internacionais como o *United Nations Population Fund* (UNFPA), jovens são pessoas que possuem entre 10 a 24 anos de idade que, em 2014, de uma população de 202 milhões, o Brasil tinha o percentual de 25%, ou seja, 50,9 milhões de jovens (UNFPA, 2014).

Pode-se afirmar, portanto, que inexiste um ponto comum da fixação da idade das normas brasileiras em vigor. A confusão conceitual no critério cronológico e etário das pessoas dos estatutos legais citados, revelam que o jovem pode ser tanto a pessoa que tenha entre 12 e 18 anos completos, quanto àquela que possua 15 a 29 anos de idade. Essa diferenciação normativa se explica pela especificidade de sua aplicação, que, para o CP e ECA, poderá implicar em consequências punitivas e, para o EJ, adoção de políticas públicas aos jovens. Entretanto, nesta pesquisa, optou-se pelo critério etário previsto no ECA, tendo em vista que os jovens entrevistados nas escolas, estudantes do ensino fundamental da 7ª. e 8ª. séries, têm entre 13 a 15 anos de idade.

Apesar de ser o critério cronológico da faixa etária, uma opção legislativa no Brasil, Groppo (2004) analisa as diversas categorias de significação da juventude dando ênfase ao aspecto social ao explicar que a idade é um produto da interpretação que não possui caráter universal. Na condução dessa linha exegética, o autor apresenta outras categorias como a social em uma concepção sociológica de juventude, ao aduzir que:

> Na modernidade, a juventude tende a ser uma categoria social derivada da interpretação sócio-
> -cultural dos significados da puberdade, este sim,

um fenômeno natural e universal que, no entanto, pode adquirir pouca importância conforme a sociedade em que ocorre (GROPPO, 2004, p. 12).

Sob esta perspectiva, a concepção biológica, por si só ou isoladamente não consegue abarcar todas as facetas que a juventude pode ter. Em outras palavras, a compreensão da juventude supera a categorização por idade e agrega sob outros parâmetros de análise, a cultura, a diferença social, o ambiente, o contexto histórico, entre outros fatores (MARGULIS; URRESTI, 2008).

1.3 CONCEPÇÃO SOCIOLÓGICA: VERTENTE GERACIONAL

A construção teórica do que seja juventude divide-se em ramificações diferenciadas no campo sociológico. Por uma questão didática, preferiu-se dar início do estudo da juventude na vertente geracional, adotando-se o mesmo entendimento de Pais (1996).

Pais (1996), Groppo (2004) e Islas (2009), entendem que a juventude no âmbito da teoria geracional relaciona-se com pessoas de seu próprio tempo, no modo de lidar com o cotidiano e de viver. Todavia, Groppo (2015b), aproxima a análise do sociólogo português José Machado Pais à teoria da socialização, ao comentar que ambas tratam as continuidades e descontinuidades intergeracionais em uma concepção bionaturalista. Ou seja, a juventude tem seu próprio movimento de tensão e confrontação pela ruptura das crenças de seus pais, avós ou professores ao adquirir autonomia em novos valores pela descontinuidade do que faziam seus antepassados e, por outro lado, em dar continuidade, ao vivenciar e interiorizar aprendizado, crenças e valores dos mais velhos (PAIS, 1996).

Feixa; Leccardi (2010) e Weller (2010), comungam sobre os importantes estudos do sociólogo húngaro Karl Mannheim, que buscou no positivismo de Comte (2002) e na versão histórico-romântica de Dilthey (2010), as bases para a fundação da teoria geracional. Por sua vez, Weller (2010) afirma que os textos de Mannheim propiciam um caminho metodológico apto a entender a teoria das gerações em uma perspectiva ampla, ou seja:

> A partir de uma questão concreta o problema das gerações – Mannheim propõe um caminho teórico-metodológico a ser percorrido pelos pesquisadores, os quais não deveriam optar somente por uma ou outra corrente sociológica de análise, mas buscar esgotar as possibilidades de interpretação de um determinado tema. [...] Ao trazer como proposta metodológica a análise documentária dessas experiências *ateóricas*, o autor nos faz repensar o processo e o tratamento dado à interpretação sociológica. Sendo assim, a atualidade da análise mannheimiana das gerações, reside, por um lado, na elaboração de uma perspectiva multidimensional de análise das relações sociais e geracionais. Por outro, Mannheim nos convida a repensar a construção de instrumentos analíticos capazes de mapear e dar forma à singularidade de experiências concretas, que carecem de uma análise teórica. Em outras palavras, sua perspectiva não representa apenas uma contribuição teórica para os estudos sobre gerações, mas também uma proposta teórico-metodológica de pesquisa, capaz de superar as dimensões binárias presentes em algumas correntes teórico-metodológicas (WELLER, 2010).

Mannheim (1993), conhecido como o precursor da teoria das gerações, aproxima a geração a uma situação social diferenciada como a família, constituída como um grupo estável e concreto. Entendendo dessa forma, o autor complementa que a geração seria um grupo homogêneo por ter seus valores experienciados em uma determinada fase da vida, como uma situação social (MANNHEIM, 1993). Para Mannheim (1993, p. 204), a juventude não pode ser explicada sob um único prisma, como raça, classe, pela importância de sua concepção na investigação científica, dado que

> A geração é um problema importante que deve ser levado a sério. É um dos guias indispensáveis para o conhecimento da estrutura dos movimentos sociais e espirituais. Seu significado prático se percebe imediatamente quando se tenta compreender com exatidão a transformação acelerada dos fenômenos do presente imediato (tradução nossa).

O autor afirma que cabe à sociologia estudar a juventude e destaca a superação da abordagem da sociologia formal estática para uma confluência de um dinamismo conceitual na sociologia formal dinâmica. Para esse intento, sugere uma tríplice perspectiva geracional: a) posição geracional; b) conexão geracional; c) unidade geracional. A posição geracional é encontrada em uma juventude, a exemplo do prejuízo do estudo do aspecto biológico e/ou de classe, isolado de outros parâmetros com o fator histórico e/ou cultural. A conexão geracional, é mais abrangente que uma mera unidade histórico-social e viabiliza a interação com outros fatores em práticas concretas e coletivas dos grupos, a exemplo dos jovens que participaram do Brasil no período ditatorial (WELLER, 2010). No entanto, para Mannheim (1993), em uma conexão geracional podem ser encontradas várias unidades geracionais que no período ditatorial fizeram parte, grupo de escritores, estudantes, atores, pessoas caracterizadas por vínculos próprios, mas que se diferem pelas diferentes ações, reações e concepções para um mesmo problema (MANNHEIM, 1993; WELLER, 2010).

A análise da conexão geracional pode ser feita com unidades geracionais distintas. Para ilustrar em outro exemplo, jovens do século XXI, têm em comum em muitos países, acesso às redes virtuais que atraem várias comunidades na *Internet*. Todavia, cada comunidade pode ser caracterizada por estrato social, interesses, cultura e locais distintos.

Feixa e Leccardi (2010), em artigo publicado na Revista Sociedade e Estado, apontam três momentos históricos para explicarem sobre geração. Segundo os autores, o primeiro deles ocorreu nos anos 1920, com o chamado "revezamento geracional" nos estudos de (ORTEGA Y GASSET, 1923; MANNHEIM, 1928). O segundo período, com o advento da teoria do "problema geracional e conflito geracional", tratada por Mendel em 1972 e, o terceiro, nos anos 1990, na abordagem da sociedade em rede, com a "teoria da sobreposição geracional" de (TAPSCOTT, 1999).

Na linha histórica (FEIXA; LECCARDI, 2010; FEIXA; FERNÁNDEZ-PLANELLS & FIGUERAS-MAZ, 2016), abordam a teoria do conflito geracional desenvolvida por Gérard Mendel, na obra "A crise das gerações" de 1972, sobre a rebeldia dos jovens no intuito de derrubar o fundamento da alienação de gerações passadas pelo uso de drogas, sexo e *rock & roll*. Mendel (1972), na sua obra explica que a crise das gerações é fundamentada em dois fatores: o primeiro, está relacionado à idade da puberdade, em que o conflito se dá face ao poder patriarcal como imagens paternas arcaicas; e o segundo, ocorre como consequência da revolução industrial e da reação da cadeia tecnológica que o homem não consegue alcançar. É dizer, de outro modo, que para o autor, o conflito de gerações é permeado pela técnica do novo que se sobrepõe às instituições socioculturais balisadas nas tradições e nos valores sociais. Sobre a reação dos jovens Mendel (1972, p. 166) assinala " *El adolescente de hoy, contrariamente al de antes, tiene tendencia, no a desear el lugar del padre para hacer como él, sino a rechazar, a despreciar este padre. Ante, todo quiere no ser igual que él.*"

Depois dessa fase, a partir de 1990, com o aparecimento da sociedade em rede, denominada de "geração digital" de Tapscott

(1999), estudou-se o fenômeno sob o enfoque da teoria da "sobreposição geracional", que consiste no balizamento e coexistência do conhecimento entre as gerações.

Os valores da geração *Net* relatados por Tapscott (1999, p. 9), são imbuídos na busca de informações e responsabilidade social, "como nunca ocorreu antes, toda uma geração está começando a aprender. Chame a isso de aprendizado de geração".

Sob o enfoque funcionalista, mas na mesma esteira da corrente geracional, Isla (2009), destaca o contributo de Talcott Parsons, na obra "A sociologia americana" de 1962 sobre a juventude vivida em meio à Segunda Guerra Mundial de 1942 (PARSONS, 1968). Para Isla (2009, p. 27), a cultura juvenil

> surge como uma ação que se opõe ao papel adulto, conflito que tem sua cristalização nas relações dos jovens com as obrigações do trabalho curricular que exige da escola. Esse conflito tem a ver com os cinco pares dicotômicos já clássicos nesta corrente, mas que se tornam específicos através de três deles: responsabilidade adulta – irresponsabilidade juvenil; a preponderância de suas capacidades físicas e atléticas contra as capacidades profissionais e executivas dos adultos; e sua ênfase para atrair especialmente a atenção do sexo oposto (os ideais do "rapaz galã" e da "garota glamourosa") em contraposição aos papéis sexuais tradicionais.

Isla (2009) e Groppo (2015b), concordam que a visão sociológica e o funcionalismo realçam a tese de que a juventude assume um papel social nas relações sociais representado no prestígio de estar jovem na assunção das tarefas que os mais velhos não conseguem fazer e, ao mesmo tempo, na possibilidade do rompimento de seus valores socialmente arraigados.

Beck; Beck-Gernsheim (2008, p. 8), redimensionam o âmbito do estudo metodológico das gerações globais para uma vertente cosmopolita advertindo à sociologia que não se investigue o fenômeno das gerações apenas nos limites dos estados-nações, face à existência de outros prismas de análise, a exemplo das constelações geracionais transnacionais, ao afirmar que

> Uma sociologia cosmopolita significa uma sociologia que se livra do "nacionalismo metodológico" e toma seriamente a globalidade e a vida social (humana) no planeta Terra. Uma sociologia cosmopolita difere de uma universalista começando, não de qualquer coisa supostamente geral, mas de variabilidade global, interconexão global e intercomunicação global. Significa tratar as gerações globais não como uma geração única e universal com símbolos comuns e uma consciência única. (tradução nossa)

Por esta vertente, a *Internet* constitui-se como um fator importante que produz a conexão entre os jovens porque consegue abarcar valores e comportamentos de jovens que estão distantes presencialmente mas conseguem se manter interligados pelas teias da *web*. Nesse ponto, Bauman chama a atenção para o consumo desmedido e explorado pelas empresas ao lançarem propagandas e *marketing* nas grandes redes como o *Facebook,* onde os jovens consumidores podem escolher os objetos que desejam adquirir na formatação descartável assemelhada às relações sociais (BAUMAN, 2013).

1.4 CONCEPÇÃO DA JUVENTUDE NAS TEORIAS CRÍTICAS E PÓS-CRÍTICAS

As teorias críticas e pós-críticas da juventude apresentadas por Groppo (2015a; 2015b), perpassam na visão sociológica e funcionalista até chegar à teoria da moratória social. Para o autor, a moratória social seria a tolerância dada pelos mais velhos aos jovens para que estes possam ter o direito de errar em suas escolhas. Aos jovens seriam, portanto, relaxadas as regras sociais para que tivessem oportunidades de tempo e lugar para suas experiências, mesmo que errantes.

Groppo (2015b) enfatiza que a teoria da moratória social foi criticada pelos movimentos de jovens da Itália e França em 1968, por entenderem que tratava desigualmente jovens e adultos. Os críticos, propuseram em resposta, a autoeducação, o poder estudantil e a autogestão na educação. Sob esta perspectiva, Groppo (2015a) defende o lado positivo da teoria da moratória social em uma terceira via de cogestão de jovens e adultos no meio social, comungando com o "aprender a aprender" de Freire (1996).

Para explicar melhor sobre seu posicionamento Groppo (2015a) faz uso de dois conceitos auxiliares: moratória vital, presente em todas as camadas sociais que, em regra, o jovem possui, referente à sua energia de vida e de mais tempo vital em relação aos mais velhos; e, a moratória social, não estendida a todos os jovens. Dito de outro modo, a moratória social pode ser mais visível e acessível a alguns jovens em comparação a outros, a exemplo de pessoas que têm seus comportamentos tolerados. Groppo (2015a, p. 19) expressa que é uma "posição vivida desigualmente pelos sujeitos".

Essa vivência real e desigual dos jovens no Brasil pode ser exemplificada em estudo desenvolvido por Abramovay (2006) ao relatar episódios da seletividade policial na revista pessoal de estudantes suspeitos de comportamento inadequados e, na postura de tolerância, em determinadas situações. A autora explica que a revista pessoal, mais conhecida como "baculejo" ou "batida" é permitida como ato administrativo do poder de polícia preventiva ou ostensiva. Todavia, na rotina dos procedimentos da abordagem policial, existem jovens que em razão de seu *status* externado pelas vestes e condição econômica são menos visados ou abordados.

Sousa e Gomes (2011), em artigo publicado na revista Linhas Críticas em 2011, discorre acerca dos resultados de um estudo sobre os membros do Batalhão Escolar da Polícia Militar do Distrito Federal. Segundo os autores, a aparência exteriorizada pela vestimenta dos estudantes é um dos pontos mais importantes de quem é melhor visto na escola pelos policiais. Retornando à teoria da moratória social de Groppo (2015a), confrontando-a com os resultados das pesquisas de Abramovay (2006) e de Sousa e Gomes (2011), sem a intenção de tecer certezas categóricas, pode-se dizer que a aparência do jovem tem relação direta com a abordagem policial de determinados comportamentos tido como inadequados.

Essa questão pode ser explicada na vagueza conceitual do art. 244 do Código de Processo Penal de 1941, ao dispor que "a busca pessoal independentemente de mandado, no caso de prisão ou quando houver fundada suspeita de que a pessoa esteja na posse de arma proibida ou de objetos ou papéis que constituam corpo de delito, ou quando a medida for determinada no curso de busca domiciliar" (BRASIL, 2017). Ou seja, a subjetividade do olhar do policial é que selecionará o jovem que ostenta condições para a revista pessoal.

Caso similar relatado por Lopes Júnior (2017), de acusado em processo criminal pelo crime de desobediência, conforme decisão do *Habeas Corpus* (HC) nº. 81.305/GO e oriundo do Supremo Tribunal Federal (STF), ilustra hipótese de pessoa que ousou discordar da revista policial porque trajava um blusão folgado que por si só, foi considerado suspeito de prática criminosa. Na decisão da final da Corte Suprema em grau de recurso, o acusado foi absolvido sob a fundamentação de que a simples vestimenta não constitui hipótese para que a pessoa seja considerada suspeita.

Verifica-se, portanto, a importância de se estudar a teoria classista de juventude na análise da desigualdade social defendida por Pais (1990) e Groppo (2015a) e as implicações diversas das relações intergeracionais entre as duas alegorias, classista e geracional. Segundo Pais (1990, p. 157),

> Com efeito, enquanto, para a corrente geracional, a reprodução se restringe à análise das relações intergeracionais, isto é, à análise da conservação ou sedimentação (ou não) das formas e conteúdos das relações sociais entre gerações, para a *corrente classista*, a reprodução social é fundamentalmente vista em termos da reprodução das *classes sociais*. Por esta razão, os trabalhos desenvolvidos na linha desta corrente são, em geral, críticos em relação ao conceito mais vulgar de juventude – isto é, quando aparece associada a uma «fase de vida» – e acabam mesmo por ser críticos em relação a qualquer conceito de juventude, já que, mesmo entendida como *categoria*, acabaria por ser dominada por «relações de classe».

Groppo (2015b, p. 21) cita a obra de Stuart Hall e Tony Jefferson, *Resistance through Rituals*, de 1976, como um marco da teoria classista em que os autores contestam a "perspectiva sociológica fundada nas categorias etárias e gerações, o marxismo. Mas se trata de uma leitura do marxismo que valoriza a dimensão cultural [...]".

Da mesma forma, Groppo (2015a) conclui sobre a insuficiência da análise da juventude apenas tomando-se como base a dimensão etária e geracional sem a inclusão da dimensão socioeconômica. Por outro lado, o autor refuta a ideia de uma teoria da juventude em que se avalia com linearidade, ou seja, como se toda classe de jovens fosse homogênea e apresenta a subcultura juvenil como uma resposta para atender às diferentes classes de jovens, posteriormente reconhecidos como estilos, identidades e valores.

As subculturas juvenis para Groppo (2015a, p. 21), são "modos de elaboração e respostas culturais dos jovens que fazem parte de dada classe, portanto, filiam-se à cultura de sua classe e às condições vividas por esta classe". O autor apresenta as diferentes classes para ilustrar a classe de jovens operários na Inglaterra, em 1950, em que os *teddy boys* vestiam-se diferentemente dos *skinheads*. Enquanto os primeiros, *teddy boys,* trajavam roupas elegantes e da moda, os segundos, *skinheads,* eram jovens operários menos qualificados, tidos como machistas e durões que usavam vestimentas utilizadas nas docas.

Retomando às teorias pós-críticas de Groppo (2015b), verifica-se um paradoxo entre as teorias clássicas e contemporâneas da juventude. Nesse eixo, a juventude não pode ser entendida a partir de uma análise sistemática e linear como idade de adolescente, jovem e adulto; o velho em contraposição ao novo; a socialização matizada e aprendida pelos jovens de saberes exclusivos dos mais velhos; a moratória social como um processo de retardamento e frouxidão da cobrança das responsabilidades devidas aos jovens. Trata-se, nas teorias pós-críticas, de sugerir a modificação do termo "juventude" para "juventudes" em uma acepção pluralista que valoriza as diferenças de classe, etnia, gênero, étnico raciais, nacionais, entre outras e abrem espaço para a criatividade e emancipação dos jovens (GROPPO, 2015b).

A análise da juventude é importante, pois facilita a compreensão do jovem globalizado e conectado ao mundo pelas tecnologias virtuais. Não cabe aqui reverenciar uma ou outra teoria tradicional porque na sociedade atual o jovem ou adolescente está inserido em "acontecimentos actuales, en particular de las consecuencias de las transformaciones de las instituciones más importantes de la modernidad" (POZO, 2012, p. 27).

As juventudes podem ser exemplificadas nas diversidades dos jovens em função das culturas locais e globais, das condições econômicas e sociais, do crescimento das grandes cidades, entre outros diversos fatores. A contemporaneidade marca a condição das juventudes porque "[...] um capitalismo baseado na acumulação flexível multiplica a fragmentação da vida social, dificultando o uso tranquilo de modelos explicativos rígidos em demasia e que não permitam um olhar atento às especificidades de cada evento juvenil" (GROPPO, 2010, p. 22).

Para tanto, a UNESCO desempenha papel importante em pesquisas, a exemplos de trabalhos coordenados por Abramovay (2006, p. 10) ao apontar uma tendência que "permite identificar não uma única juventude, homogênea, mas juventudes no plural, além de possibilitar uma discussão a respeito das representações sociais dos jovens nestes tempos". E, são estas juventudes diversificadas, densas e presentes em lugares como a escola, a mídia e as redes sociais que serão contextualizadas em ambientes explicados a seguir.

CAPÍTULO 2

A atuação dos jovens com e na *internet*

> Um viciado em *Facebook* se gabou para mim de que havia feito 500 amigos em um dia. Minha resposta foi de que eu vivi 86 anos e não tenho 500 amigos. Então, provavelmente, quando ele diz amigo e eu digo amigo nós não queremos dizer a mesma coisa. É um tipo diferente de amigo [...]. Qual é a diferença entre rede e comunidade? A comunidade te precede. Você nasce em uma comunidade. Ao contrário da comunidade, a rede é mantida por duas atividades principais: uma é se conectar e a outra é se desconectar. E acho que a atratividade da amizade "tipo *Facebook*" é de que é tão fácil se desconectar [dos amigos]" (BAUMAN, entrevista, 2011, *on line*).

2.1 A CONEXÃO TEÓRICO SOCIOLÓGICA DAS JUVENTUDES E A RELAÇÃO COM A *INTERNET*

Nas teorias supramencionadas sustentadas pelos autores do item anterior, em especial, a vertente sociológica, verifica-se que a conjuntura do ambiente geográfico e social é o ponto central para se descobrir onde o jovem se encontra, bem como para caracterização do indivíduo enquanto jovem (GROPPO, 2015a),

Portanto, a integração dos jovens na família e na escola perfaz-se em lugares de ponto de encontro ou de apoio com outras pessoas jovens e adultas, e faz parte do cotidiano dos jovens. As áreas de convivência escolar dos jovens mediada pela *internet*, além de ser presencial, também é virtual à medida que comunidades *on line* são formadas nos grupos de *WhatsApp*, *Facebook*, entre outros.

Neste ponto, a *internet* será analisada como espaço de inserção e integração do jovem, e como "reconhecimento de si mesmo e um coletivo maior, em um grupo social que define e determina, por sua vez, o desejo de compartilhar uma situação comum de convivência" (LEÓN, 2009, p. 56).

Portanto, a inserção dos jovens na *Internet* é percebida em todos os espaços, inclusive na escola. Ficam muito tempo *on line* durante as aulas ministradas pelos professores ao mesmo tempo que interagem em diversas redes sociais como o *Facebook*, *Twitter*, *YouTube*, *Instagram* ou *WhatsApp*. Bauman (2010), explica que é uma geração que prioriza o mundo virtual nos contatos das comunidades *on line*, multiplicados ao serem aceitos nos grupos ao permitirem escrever, reescrever e deletar.

Os grupos *on line* acolhem os novos integrantes e, ao mesmo tempo, podem bloquear os sujeitos que não se enquadram ou não se adaptam aos interesses em comum. Ou seja, se não estão em consonância com os demais membros, os neófitos virtuais são desligados pelos antigos ou se desconectam por vontade própria por não se sentirem pertencidos nos grupos. Nesses casos, o contato virtual nem sempre atende aos objetivos das pessoas que procuram os grupos *on line* (CASTELLS, 2003; WOLTON, 2012).

Por outro lado, Wolton (2012), questiona o comportamento de pessoas que não conseguem ficar distantes da tecnologia ou que necessitam de conexão em tempo integral ao entender que pode afetar as relações pessoais. O fenômeno é compreendido para Wolton (2012), porque à medida que se percebe submissão em muitos ambientes de contatos imediatos e expressivos pela e na *Internet*, constata-se que pessoas ficam dependentes da conexão virtual.

O entendimento de Wolton (2012), encontra respaldo nas ferramentas da *web* conectadas nos celulares multimídias *(smartphones)*, aparelhos de telefones móveis, que além das funções tradicionais de receber e fazer chamadas, possibilitam enviar e receber mensagens, tirar fotografias, produzir vídeos e enviá-los nas redes sociais, compartilhar contatos e informações próprias e de terceiros, ouvir músicas, assistir filmes e documentários, assistir programas de televisão, traçar rotas de tráfego, enviar *e-mails*, baixar jogos e instalar diversos aplicativos pagos ou gratuitos que facilitam e disponibilizam ao mesmo tempo, a comunicação e a inserção nas redes sociais.

São tecnologias que facultam aos usuários dialogarem em formatos diversificados, assíncronos ou não, a exemplo do envio de texto via *e-mail* ou de remessa de mensagem de texto pelo *WhatsApp* (assíncrono) ou conversa via *Facetime* (síncrono). Essa interação, segundo Wolton (2012), propicia a existência de pessoas exímias a manusear a técnica em computadores ou celulares no contato virtual e, ao mesmo tempo, terem dificuldades de diálogo presencial.

A interatividade virtual, por sua vez, está relacionada com o acesso à *Internet* destacada por Lévy (2014), no diálogo e na reciprocidade entre os participantes, a exemplo da comunicação entre os usuários do correio eletrônico e de videoconferência.

2.2 A *INTERNET* COMO MEIO DE INFORMAÇÃO E CO-MUNICAÇÃO

A *Internet* reduz distâncias, viabiliza a inserção e a troca de informações entre os usuários e facilita a comunicação entre as pessoas (SANTAELLA, 2007; SHARIFF, 2009; BLAYA, 2013; SEIXAS, FERNANDES e MORAIS, 2016).

A democratização das informações ocorre por intermédio dos registros dos dados na rede, em *sites* públicos e privados, *blogs* - plataformas virtuais em que o internauta (blogueiro) posta e publica textos, fotografias e vídeos de seu interesse, correios eletrônicos, redes virtuais, e outras formas de acesso.

As postagens e publicações de textos, fotografias, documentários, filmes e livros, podem ser feitas pelo acesso em *Chats, Moodle, BlacKboard, YouTube, FlicKr, Facebook, Instagran, Twitter, Snapchats*, explicados no quadro a seguir,

Quadro 1 – Principais redes sociais e funcionamento.

Rede Social	O que é e como funciona
Chats ou Internet Relay Chat	Sites utilizados na Internet para que os participantes de grupos formados na rede virtual, possam debater e discutir temáticas *on line*. Endereço: <http://www.irchelp.org/>.
Moodle	Plataforma virtual criada para a postagem de documentos, textos, vídeos em grupo em que os membros podem visualizar as informações inseridas pelos integrantes do grupo, debaterem sobre determinados temas, entre outras configurações. Endereço: <https://moodle.org/?lang=pt_br.>.
Blackboard ou Quadro Negro	Ferramenta utilizada pelas escolas para espaços de comunicação e interação entre os participantes, a exemplo do professor e os estudantes de uma determinada disciplina, em que podem ser inseridas atividades no portal como: fóruns, trabalhos e outras atividades de aprendizagem. Endereço:<http://br.blackboard.com/about-us/who-we-are.aspx.>.
YouTube	Recurso muito utilizado para a postagens de vídeos produzidos pela própria pessoa, que propicia a divulgação e o compartilhamento de vídeos no formato digital. Endereço: <https://www.youtube.com/user/YouTubeBrasil>.

Rede Social	O que é e como funciona
FlicKr	Modalidade de sítio virtual em que predomina as postagens e compartilhamentos de fotografias e ilustrações gráficas. 🔗 Endereço: <https://www.flickr.com/>.
Facebook	Plataforma virtual em que os internautas ingressam após um cadastro prévio de dados pessoais e podem postar mensagens de textos, fotografias e vídeos para os "amigos do Face" como são denominados. 🔗 Endereço: <https://www.facebook.com/>.
Instagram	Instrumento virtual em que os participantes postam fotografias e vídeos curtos que podem ser visualizados pelos "seguidores" em uma plataforma pública ou privada. 🔗 Endereço: <https://www.instagram.com/?hl=pt-br>
Twitter	Ferramenta em que o interessado cria textos de até 140 caracteres na abordagem de qualquer temática. Para quem utiliza, o segredo é dissertar sobre o filme que assistiu, sobre uma festa que foi, sobre o novo relacionamento viabilizando o interesse de outros participantes que podem "*twittar*", ou seja, curtir as mensagens postadas. Possibilita ainda, a "*retwittada*" pelo autor da mensagem inicial se concordar com os comentários *twittados* por terceiros, conversar *on line*, enviar recados e seguir as pessoas consideradas interessantes na plataforma. 🔗 Endereço: <https://twitter.com/>
Snapchat	Aplicativo diferenciado muito utilizado pelos jovens, em que o portador de um telefone celular tira e posta no seu próprio aparelho, fotografias e vídeos curtos, denominados de *Snaps,* compartilhadas com usuários da plataforma com duração limitada de 1 a 10 segundos. Endereço: <https://www.snapchat.com/l/pt-br/.>.

Fonte: elaborado pela Autora.

Esse quadro é uma amostra da compreensão de Wolton (2012), ao afirmar que a *Internet* pode ser entendida como uma nova tecnologia que dá autonomia para o usuário, porque é rápida e contínua. Configura-se, portanto, em uma modalidade de emancipação individual de um horizonte que valoriza a liberdade de autopromoção social.

Todavia, os autores Berland (2000 apud SANTAELLA 2007) e Baudrillard (1996 apud SANTAELLA 2007, p. 214), denominados de tecnonegativistas e tecnoeufóricos, defendem que a *Internet* possui aspecto de um ambiente virtual simulado que não corresponde ao mundo físico. Eles argumentam que "a presença midiática é uma interferência que nos faz sofrer a perda da distância que desemboca no paradoxo de estar lá, aqui e agora".

Divergente é o posicionamento de Briggs e Burke (2004 apud SANTAELLA 2007), sobre o mundo virtual face aos novos formatos e de pensamentos capazes de promover a interação e a vivência na ampliação além do mundo físico. Ou seja, o individualismo na rede não implica, necessariamente, solidão virtual. Significa, ao contrário, que o usuário tem a opção pessoal de inserir ou se desligar de grupos de pessoas integradas ou não, por laços afetivos entre si em uma rede social como a do *Facebook*. Dessa maneira, a *Internet* propiciou a formação de grupos integrados a partir de interesses dos mais variados como saúde, lazer, moda, esporte, tecnologia, educação, entre outros. São comunidades virtuais que possuem mobilidade, flexibilização e alcance da comunicação híbrida nos encontros virtuais e presenciais (CASTELLS, 2003; CASTELLS, 2005).

Sob uma dimensão planetária e cosmopolita, Pieroni, Fermino, Caliman (2014, p. 181) afirmam que,

> Vivemos, ou melhor "viajamos", em uma dimensão planetária cada vez mais restrita/reconciliada em suas dinâmicas espaço-temporais. As incessantes inovações tecnológicas nos vários sistemas informativos e de comunicação de massa permitem à opinião pública ser informada em tempo real.

Castells (2005) classifica as preferências pela tecnologia e pela *Internet*, em interesses multidimensionais em laços fracos e laços fortes. Os primeiros, os laços fracos, são aqueles em que há pluralidade de pessoas desconhecidas que apresentam diversas características sociais que interagem entre si. Por outro lado, os laços fortes são aqueles em que as pessoas têm intimidade na interação e, portanto, uma maior liberdade de comunicação do que a dos laços fracos. São pessoas que se autoajudam em grupos que tratam sobre assuntos de interesses comuns como, por exemplo, o estudo sobre uma enfermidade ou política.

A *Internet*, enquanto ambiente de diálogos, é como uma rede porque oportuniza em um formato assíncrono, novas relações e contatos em espaços antes não pensados face à limitação espacial. Ou seja, permite "afiliações múltiplas em comunidades parciais [...]" (CASTELLS, 2005, p. 446).

É uma teia que funciona como ambientes em que jovens e adolescentes gastam boa parte do tempo conectados em tempo real. Essa afirmação é constatada em estudos do IBOPE de 2015, da Pesquisa Brasileira de Mídia (PBM) em 2016, realizada para aferir os hábitos de mídia no Brasil ao apontar que a *Internet* é, depois da TV, a segunda mídia mais utilizada por 42% dos brasileiros, dentre eles 65% de jovens de até 25 anos (PBM, 2016).

Corroboram com estes dados, as pesquisas promovidas desde 2010 sobre o uso de tecnologias e acesso à *Internet* nas escolas brasileiras pelo Centro Regional de Estudos para o Desenvolvimento da Sociedade da Informação (Cetic.br), em parceria com o Núcleo de Informação e Coordenação do Ponto BR (NIC.br) – TIC Educação. Na quarta edição da pesquisa de 2014, verifica-se o potencial de acessibilidade da *Internet*: 75% de crianças e adolescentes entre 10 a 15 anos de idade fizeram uso da rede no ano de 2013, enquanto os brasileiros de outras faixas etárias representaram 51% dos internautas (CGI.BR, 52014).

São jovens que apresentam habilidades diferenciadas em manusear as tecnologias, entre elas o computador, *laptops, tablets* e aparelhos de telefones móveis também denominados de telemóveis cada vez mais sofisticados como os *smartphones*. Os dispositivos móveis têm a facilidade de serem utilizados com segurança desde que sejam acessados com uso de senhas ou outra espécie de reconhecimento digital, em qualquer lugar pelo usuário.

A temática é relevante na medida em que se pode investigar o fenômeno do *bullying* que não é novo, mas que materializado na *Internet* adquire um contorno ampliado e complexo que caminha para além da escola, envolvendo estudantes, professores e gestores do ambiente escolar. São práticas virtuais experimentadas rotineiramente, nas conexões virtuais que causam prazer aos estudantes e, ao mesmo tempo, desconfiança pelo medo de serem vítimas de informações privadas passíveis de serem propaladas nas redes sociais.

As novas mídias evidenciam a necessidade de serem analisadas para que estudantes, professores, pais e gestores tenham melhores condições de lidar com as consequências do *cyberbullying* como sofrimento, evasão escolar, redução do aproveitamento escolar, *stress*, ansiedade, vergonha dos colegas de escola (OLWEUS, 1993; BLAYA, 2013). Estas questões envolvem, portanto, a busca de respostas aos principais problemas elencados na pesquisa quais sejam: a compreensão do fenômeno do *cyberbullying* e dos motivos que explicitem a prática pelos jovens e adolescentes de *bullying* virtual; a descoberta dos fatores que levam os jovens e adolescentes a praticarem ações dessa natureza que ensejam em consequências danosas nas atividades escolares nas escolas públicas selecionadas e autorizadas na pesquisa; o entendimento do papel dos gestores, professores e da família envolvidos no contexto da violência virtual que impacta no ambiente escolar; na descoberta de políticas públicas federais e estaduais que possuem a finalidade de denunciar, combater, orientar e, sobretudo, prevenir tais práticas.

Seixas, Fernandes e Morais (2016), por outro lado, ratificam que a modernização da tecnologia é um desafio para os professores por terem que lidar com as técnicas dialogais que apresentem bons resultados na detecção da violência virtual.

Por todas essas utilidades, a *Internet* no Brasil tem uma aceitação considerável pela população. O país contava em 2014, de acordo com os dados do Instituto Brasileiro de Estatísticas (IBGE) com 202.76.52 habitantes. Deste número, aproximadamente 136,6 milhões de pessoas de 10 anos ou mais possuíam celular, o que representava 77,9% dessa população conforme apontam os registros do Suplemento de Tecnologias de Informação e Comunicação (TIC) da Pesquisa Nacional por Amostra de Domicílios (Pnad) organizado pelo IBGE, ampliado em 5% se comparado a 2013 (IBGE, 2016).

O estudo realizado pelo Fundo das Nações Unidas para a Infância (UNICEF) de 2013, com 2002 adolescentes com idade de 12 a 17 anos, revelam que, aproximadamente 70% deles (meninos e meninas), tiveram acesso à *Internet* considerada como qualquer modalidade, seja pelo computador ou celular. Esse percentual é alto tendo em vista que a pesquisa alcançou os 21 milhões de adolescentes que possuíam disponibilidade da *Internet* de acordo com o censo de 2010.

As atividades *on line* mais utilizadas por eles, como se depreende na figura 1, foram variadas, como: busca de informações diversas (40%), cultivo de amizades (66%), diversão (76%), auxílio em trabalhos escolares (61%), e, primordialmente, para diversão (76%). O percentual excedeu aos 100% devido ao fato de serem computadas as respostas assinaladas em duplicidade pelos adolescentes que utilizaram a *Internet*.

Figura 1 – Meios de busca na *Internet* dos adolescentes, atividades *on line* em 2013 em (%).

Fonte: (UNICEF, 2013, p. 21).

É perceptível que os dados revelados na figura 1 indicam que o acesso à diversão foi o item mais utilizado pelos adolescentes na *Internet*. No entanto, os *sites* de relacionamento foram considerados os mais atrativos, conforme se verifica no gráfico 1, para 90% de adolescentes de 14 e 16 anos, 77% para quem possuía 12 a 14 anos e 72% para adolescentes de 12 anos. Portanto, pessoas da faixa etária de 14 a 16 anos preferiram os *sites* de relacionamento aos demais meios virtuais disponíveis por serem mais descontraídos e atenderem aos interesses dos jovens usuários.

Gráfico 1 – Ferramentas de Acesso à Internet em (%).

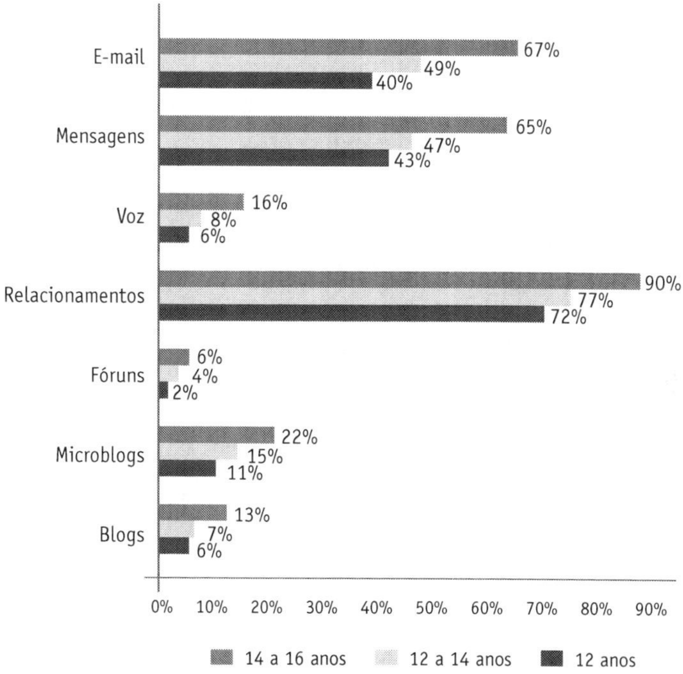

Categoria	14 a 16 anos	12 a 14 anos	12 anos
E-mail	67%	49%	40%
Mensagens	65%	47%	43%
Voz	16%	8%	6%
Relacionamentos	90%	77%	72%
Fóruns	6%	4%	2%
Microblogs	22%	15%	11%
Blogs	13%	7%	6%

Fonte: (UNICEF, 2013, p. 26).

Na interação social virtual, a pesquisa revelou que (85%) dos adolescentes possuíam perfis cadastrados nas redes sociais; grande parte deles acessaram o *Facebook* (92%), seguido pelo aplicativo do antigo *Orkut* (5%).

O acesso a essas redes se perfaz após o cadastramento do perfil do usuário atrelado aos grupos *on line*, mediante a inserção de dados pessoais, profissionais, entre outros. O *Facebook,* por exemplo, convida o interessado a cadastrar e atualizar dados pessoais, tais como: nome completo, endereço residencial, número do telefone, *e-mail,* sexo, estado civil e, profissionais: endereços profissionais antigos e atuais, as funções e cargos exercidos e o tempo de vinculação às instituições laborais.

Ou seja, são *locus* para encontrar pessoas, informações e acontecimentos a elas relacionados que podem ser visualizados nas postagens de textos, fotografias e vídeos. Essa exposição, inclusão e compartilhamento de informações pelos jovens internautas sem o devido cuidado é motivo de inquietação de pesquisadores, professores e agentes públicos.

Da pesquisa do UNICEF (2013), 75% dos adolescentes não informaram o número do telefone em redes sociais (*Facebook*), e entre os que disponibilizaram, a maioria, entre 12 e 14 anos de idade, possuíam escolaridade menor se comparados aos que não permitiram acesso.

Quanto ao endereço, os dados gerados na pesquisa, revelaram que 5% dos adolescentes preenchem, em seus perfis, informações de ordem privada, ocorrendo predominantemente, na região Norte e Nordeste. A adição de desconhecidos nas redes sociais pelos adolescentes é de 21%, sendo mais frequente entre os meninos, da zona rural, das regiões Norte e Nordeste.

As figuras 2 e 3 apontam que as postagens de fotografias de familiares e da própria residência chega a 66%, vídeos postados de imagens pessoais 68%, sendo comum divulgarem fotografias de imagens pessoais (92%).

Figura 2 – Fotografias com imagens pessoais

Figura 3– Vídeos contendo imagens pessoais

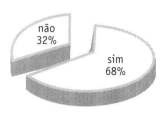

Fonte: (UNICEF, 2013, p. 61).

As situações de desconforto na *Internet* relatadas na pesquisa, variam desde a abordagem com conotação sexual ou pornográfica (10%), a insistência pelo contato por pessoa desconhecida (14%), a discriminação por raça e cor (22%), e a homofobia (22%). Há ainda relatos de adolescentes que foram convidados a praticar atos dessa natureza na *Internet*, inseriram informações desrespeitosas contra outras pessoas ou abordaram internautas postando mensagens consideradas discriminatórias.

O autocontrole das informações postadas pelos adolescentes, como a inserção e a exclusão de textos, fotografias e vídeos, atemoriza os internautas pela reação negativa dos amigos *on line* e é maior do que o controle dos pais, da polícia e da escola. Esta questão merece atenção na pesquisa porque demonstra a ausência de credibilidade da instituição escolar por parte dos adolescentes ao figurar em 1%, ou em último lugar, em relação aos pais, aos amigos e a polícia (UNICEF, 2013). Ou seja, o temor dos adolescentes da rejeição pelos próprios pares provoca e inflige violências que são ocultadas das instituições formais, as quais possuem ou deveriam ter os meios de auxiliar as vítimas.

Outros dados importantes podem ser encontrados no relatório do Comitê Gestor da Internet no Brasil (CGI.br, 2015), pesquisa oriunda do Centro Regional de Estudos para o Desenvolvimento da Sociedade da Informação (Cetic.br), na execução dos trabalhos de Tecnologia de Informação e Comunicação (TIC) Kids Online Brasil

(2015), na busca de informações sobre as atividades e habilidades *on line*, consumo e exposição à publicidade, riscos e danos e a mediação de pais e responsáveis em situações de conflito. Foram ouvidos 4.210 respondentes, sendo 2.105 crianças e adolescentes com idade de 9 a 17 anos e 2.105 pais ou responsáveis.

O CGI.br (2015) informa que, em 2014, no Brasil, 22% de usuários têm entre 10 e 17 anos, percentual correspondente a 20,7 milhões de pessoas. O celular despontou como o dispositivo que tem sobressaído na utilização por parte de crianças e adolescentes (82%), representando um aumento significativo se comparado ao ano de 2013 (53%). Ou seja, pela primeira vez na pesquisa, o celular é apontado como a principal ferramenta de acesso à *Internet* em relação aos computadores de mesa (56%), computadores portáteis (36%) e *tablets* (32%).

Por essa pesquisa, a rede social que os jovens mais acessam é o *Facebook* (78%), em seguida o *Instagram* (24%) e *Twitter* (15%). O perfil do jovem e adolescente encontrado na *Internet* tem uma configuração maior na plataforma pública, em 62% entre os adolescentes com idade entre 13 a 14 anos que viabilizam acesso aberto aos dados cadastrais passíveis de serem visualizados, lidos e copiados por qualquer pessoa.

O Instituto Ipsos, em pesquisa denominada "*Cyberbullying Global Advisor*" realizada em vários países em 2018, aponta o Brasil como sendo o segundo país no *ranking* mundial com maior incidência de *cyberbullying* vitimizando crianças e adolescentes, ficando atrás apenas da Índia. As respostas foram encontradas mediante a aplicação de 20.793 entrevistas entre 23 de março e 6 de abril de 2018, com pessoas de idades entre 16 a 64 anos, em vários países, entre eles o Brasil (NEWALL, 2018).

Verifica-se nesse estudo que as redes sociais e o uso desmedido da *Internet* pelos jovens e adolescentes têm potencial de risco da rede na postagem e replicação de conteúdos inadequados, como pornografia, discriminação e ódio, ou potencialmente nocivos como aliciamento moral e sexual, assédio, casos de invasão de privacidade e *cyberbullying*.

Os sujeitos pesquisados do CGI.br (2015) informaram que difamações, imagens e vídeos de pornografia e sexo são conteúdos que tiveram 17% de incidência entre as respostas e postagens de imagens de violências diversas e maus tratos às pessoas em (11%). Também foram encontradas respostas de jovens que tiveram acesso e compartilhamento de conteúdos sobre drogas, formatos de práticas suicidas, automutilação e emagrecimento como causas de anorexia ou bulimia.

Os responsáveis em mediar conflitos e orientar os jovens na *Internet*, segundo este estudo são os pais que obtêm as informações por intermédio da televisão, jornais ou revistas. A pesquisa apontou ainda que os pais que são usuários da *Internet* possuem melhores condições de conversar sobre o assunto com os filhos (CGI.br, 2015).

A escola, no estudo da TIC (2015), assim como no estudo do UNICEF (2013), é o último local em que os jovens têm interesse em obter informações sobre o uso seguro da *Internet*. Interessada no registro de ocorrências dessa natureza, a SaferNet Brasil, uma associação civil de direito privado fundada em 2005, promove, em parceria com instituições governamentais, políticas públicas relacionadas à sociedade de tecnologia e informação. Em 2015, 55.369 denúncias anônimas de racismo foram recebidas pela Central Nacional de Denúncias de Crimes Cibernéticos, uma das modalidades mais comuns de ofensas envolvendo a rede (SaferNet, 2016).

As principais ocorrências registradas pelas vítimas são pornografia infantil, racismo, xenofobia e intolerância religiosa, apologia e incitação a crimes contra a vida, homofobia, apologia e incitação a práticas cruéis contra animais (Safernet, 2016).

Outra instituição importante, o Ministério da Educação (ME), publicou informações na plataforma virtual sobre a atuação da rede hospitalar credenciada para atuar nos casos que envolvam o jogo da baleia azul que consiste na realização de cinquenta desafios a serem percorridos pelo jogador, em que adolescentes em situação de vulnerabilidade são considerados alvos fáceis (BRASIL, 2017).

Portanto, é comum que informações não autorizadas e inseridas na *Internet* como dados particulares, imagens, vídeos que denigrem a vítima além de fortalecer as ações do agressor podem desencadear consequências graves para a pessoa que se sente lesada, humilhada, levando-a, inclusive, a óbito (SHARIF, 2008; LIMA, 2011). São situações que trazem reações danosas ao bem-estar pessoal e sanidade mental das vítimas como: tristeza, depressão, autolesões, ansiedade, medo, *stress*, desinteresse e insucesso escolar (OLWEUS, 1993; BLAYA, 2006; SHARIFF, 2009; LIMA, 2011; BLAYA, 2013).

Exemplos trágicos de consequências originadas dos fatos pessoais postados na *Internet*, são relatados pela Agência Fundação Oswaldo Cruz (FIOCRUZ, 2016) de dois casos de adolescentes, Mariana de 16 e Patrícia[1], de 17 anos, respectivamente, que não resistiram à humilhação de terem fotos íntimas publicadas em redes sociais em 2013, nas cidades de Paranaíba (PI) e em Veranópolis (RS).

Entretanto, a maioria dos casos sequer chegam ao conhecimento da família ou da escola porque são mantidos em segredo pelas vítimas, na maioria, jovens e/ou adolescentes, que sentem vergonha de contar o sofrimento que passam.

Desse modo, classificações sobre os sintomas apresentados pelos jovens estudantes vítimas de violência virtual feitos por Lima (2011) foram divididos em três eixos: o primeiro, em sintomas físicos que abrangem perda de apetite, insônia ou excesso

---

1. Os nomes das adolescentes foram modificados.

de sono, tonturas, diarreias; o segundo, em sintomas psicossomáticos envolvendo reações gastrointestinais, bulimia, anorexia, rinite, obesidade; e o terceiro, de ordem mental, relacionados à ansiedade, pesadelos, oscilação de humor, depressão, psicoses, pensamentos suicidas e suicídio. São problemas sérios em que pais ou responsáveis e a escola, devem ter atenção no diagnóstico para o encaminhamento aos profissionais qualificados a lidarem com estas situações. O diálogo com a família, a busca por soluções que reduzam e contornem práticas de *cyberbullying* e até o encaminhamento judicial em casos graves são medidas necessárias.

2.3 A INTERNET COMO ESPAÇO DOS JOVENS

Estudos do Fundo das Nações Unidas para a População (UNFPA), realizado em 2014, e intitulado "O poder de 1,8 bilhão de jovens: adolescentes, jovens e a transformação do futuro", revelam aumento da população mundial dos jovens de idade entre 10 e 24 anos. São 1,8 bilhão de jovens, em uma população mundial de 7,3 bilhões, dados significativos se comparados a 1950, em que a proporção era, de aproximadamente, 721 milhões de jovens em uma população mundial de 2,5 bilhões (UNFPA, 2014).

Outros dados importantes do relatório merecem ser citados como, por exemplo, a incidência maior de jovens em países mais pobres, como Afeganistão, Timor Leste, Chade, Niger e Uganda em que a metade da população tem idade inferior a 18 anos.

Nesse cenário, o estudo inclui o Brasil como um país que possui muitos jovens, estimado, pelo estudo em 2014, em 50,5 milhões de uma população total de 202 milhões ou 25%, com previsão média de vida de 70 anos para os homens e 77 anos para as mulheres. Entretanto, aponta que, enquanto em 2015, poderíamos ter um percentual de 20 a 29% de jovens na faixa etária de 10 a 24 anos, essa tendência decrescerá para 10% a 19% até 2050 (UNFPA, 2014).

Os jovens brasileiros frequentam comumente ambientes escolares, locais de trabalho se estiverem empregados, *shoppings* e outros sítios de lazer e as redes virtuais. A geração digital é interativa e gasta mais tempo na *internet,* que na televisão, e é caracterizada pelo protagonismo nas redes sociais (TAPSCOTT, 1999; SIBILIA, 2012).

Dados do Censo Escolar de 2016, apresentados em fevereiro de 2017, pelo Instituto Nacional de Estudos e Pesquisas Educacionais Anísio Teixeira (INEP) vinculado ao MEC, revelam que o Brasil possui 186,1 mil escolas de educação básica, sendo que 2/3 ou 114,7mil delas são de responsabilidade das prefeituras ou municípios e, 71,3% (132,7mil), oferecem etapas do ensino fundamental (INEP, 2017).

O estudo dividiu as escolas de nível fundamental em duas categorias de análise: anos iniciais e finais. As escolas dos anos iniciais no Brasil totalizam 116,3 mil, dentre elas 53,3% são urbanas e o restante, rurais; 71,2% são municipais, 10,3% estaduais, 0,02% federais e 18,5% privadas. A *Internet* está disponível em 61,3% dessas escolas (INEP, 2017).

As escolas dos anos finais do ensino fundamental têm predominância no espaço urbano em 69,9%, sendo 47,2% municipais, 31,7% estaduais e 21% privadas e a *Internet* está acessível em (81%) (INEP, 2017).

São nas escolas brasileiras (186,1mil) que, em 2016, foram realizadas 48,8 milhões de matrículas na educação básica e alcançaram jovens e adolescentes. Esse número é maior se comparado com as 29.069.281 matrículas do ensino fundamental entre escolas públicas e privadas no censo escolar de 2013 (INEP, 2013).

As matrículas da escola fundamental abrangem crianças e adolescentes da faixa etária entre 6 e 14 anos conforme aponta o quadro 2, elaborado pela UNESCO, a partir da Lei nº. 9.394 de 1996 e que cursam, em média, durante 09 (nove) anos, o ensino fundamental no ambiente escolar.

Quadro 2 - Estrutura do Sistema Educacional Brasileiro
– Lei nº. 9394/96.

Níveis	Etapas		Duração	Faixa etária
Educação Superior	Ensino Superior		Variável	Acima de 18 anos
Educação Básica	Ensino Médio		3 anos	15-17 anos
	Ensino Fundamental		9 anos	6-14 anos
	Educação Infantil	Pré-escola	2 anos	4-5 anos
		Creche	3 anos	0-3 anos

Fonte: Elaboração a partir da LDB/1996
Quadro disponível no relatório Educação Para Todos no Brasil (2000-2015).

O relatório da UNESCO divide as matrículas escolares por regiões no país, o que permite verificar uma incidência de um maior número de estudantes inscritos no ensino da educação básica que abrange o ensino fundamental nas regiões sul e sudeste. Todavia, a interpretação de onde adolescentes e jovens podem ser encontrados depende de outras variáveis além da matrícula escolar, como por exemplo, a frequência escolar.

O fato de estar matriculado não significa que o estudante esteja frequentando e estudando na escola. Os dados do INEP de 2014, revelam que a frequência em escolas localizadas na zona urbana foi superior nos anos de 2004 a 2012 se comparada a zona rural, da mesma forma que a renda *per capita* por domicílio de famílias abastadas e os estudantes de cor branca, tem frequência superior se comparados aos estudantes mais pobres, pardos e negros (INEP, 2014). É o que afirmam Andrade e Farah Neto (2007, p. 55),

Embora se possa afirmar que, hoje, o acesso e a permanência dos jovens na escola no Brasil se apresentam mais democratizados, por conta da universalização do acesso ao Ensino Fundamental na faixa etária de 7 a 14 anos, que vem ocorrendo desde os anos 1990, os processos vivenciados pela maioria dos jovens brasileiros e suas estratégias de escolarização ainda expressam as enormes desigualdades a que está submetida essa faixa da população. As trajetórias escolares irregulares, marcadas pelo abandono precoce, as idas e vindas, as saídas e os retornos, podem ser assumidas como importantes sinais de que diferentes grupos de jovens vivem e percorrem o sistema de ensino. Tal processo é o indicador mais visível da diversidade do acesso, da permanência e do arco de oportunidades.

Mesmo que existam muitas escolas no Brasil em que os estudantes do ensino fundamental possam ser encontrados, muitos deles não estão em salas de aula. Além da escola, os jovens podem ser encontrados em seus lares, nos locais de trabalho, praticando esportes e/ou envolvidos em atividades ilegais e/ou marginais, presenciais ou virtuais (ABRAMOVAY; CASTRO, 2006).

Estudos apontam sobre os jovens nen-nen, jovens com idade entre 15 e 29 anos, que não estudam e não trabalham, considerados desocupados por não estarem entre as pessoas economicamente ativas,

Em 2012, este grupo totalizou 15,5% dos jovens entre 15 e 29 anos de acordo com a Pesquisa Nacional por Amostra de Domicílios (PNAD), do Instituto Brasileiro de Geografia e Estatística (IBGE). Este é um número alto, sem dúvida, mas que vinha em trajetória de queda contínua desde 1992 até 2009. Entre 2009 e 2012, no entanto, a proporção de nem-nem subiu de forma expressiva, o que vem suscitando um intenso debate acerca de quem são estes jovens e os determinantes de sua escolha de não estudar e tampouco participarem do mercado de trabalho (MELO COSTA; ULYSSEA (2014).

Há, entretanto, informações mais recentes em que os autores tomaram como base dados do PNAD de 2015, de jovens com faixa etária entre 15 a 29 anos de idade que correspondiam a 23% da população brasileira. Entre eles, a taxa de ocupação era de 52,5% e a taxa de "nem-nem", de 22,5% (VASCONCELOS, et al, 2017). Em ambos os estudos, os autores enfatizaram que as mulheres "nem-nem" são predominantes em relação aos homens e a zona rural prepondera em relação à zona urbana.

De forma semelhante, os dados do INEP (2017) e da UNFPA (2014), trazem características parecidas ao concluírem que regiões mais pobres possuem um maior número de jovens; maior incidência de ausências de escolas; menos acesso à informação, às oportunidades e à *Internet*.

Em regra, a rede é acessada pelo computador ou celular, na escola ou em outro ambiente e os jovens usam boa parte do tempo no espaço virtual, lugar denominado de ciberespaço em que poderão ser encontrados, tema tratado a seguir.

2.4 A IDENTIFICAÇÃO DOS JOVENS NO CIBERESPAÇO

O aparecimento do termo "ciberespaço" foi usado pela primeira vez, na obra *"Neuromancer"* de 1984, por William Gibson. Para o autor da obra de ficção científica, o ciberespaço abrange um mundo de redes digitais, um lugar onde os personagens se enfrentam e se encantam, ao adentrarem fisicamente no espaço de dados e terem condições de travarem os diálogos a ponto de serem desligados desse ambiente, ficarem presos no corpo físico, na própria carne (GIBSON, 2013).

Para Santaella (2004, p. 40), o ciberespaço está diretamente relacionado com a *Internet* ao explicar que "consiste de uma realidade multidirecional, artificial ou virtual incorporada a uma rede global, sustentada por computadores que funcionam como meios de geração e acesso". Ou seja, a teia global que é movimentada pela comunicação entre as pessoas, na velocidade da luz a 300 mil km/s, em tempo real, abrevia distâncias e pode ser acessada de qualquer lugar desde que tenha conexão com a *Internet* (SANTAELLA, 2004). (sic)

Lévy (2014, p. 94), concebe ciberespaço como,

> o espaço de comunicação aberto pela interconexão mundial dos computadores e das memórias dos computadores [...]. Na codificação digital, pois ela condiciona o caráter plástico, fluido, calculável com precisão e tratável em tempo real, hipertextual, interativo e, resumindo, virtual da informação que é, parece-me, a marca distintiva do ciberespaço.

Lévy (2014); Santaella (2004) e Gibson (2013), ao explicarem o ciberespaço, têm em comum o entendimento de um ambiente multifacetado, acessível, comunicativo e interativo. Nesse sentido, o computador desloca sua função inicial de máquina informacional para servir de meio e acesso à *Internet*. São fluxos comunicacionais que podem ser vistos, sentidos, monitorados, utilizados pelos usuários em várias outras funções, que ultrapassam as fronteiras físicas.

Como territorialização, Lemos (2010, p. 15) destaca que o ciberespaço "é, ao mesmo tempo, *lócus* de territorialização (mapeamento, controle, máquinas de busca, agentes, vigilância), mas também de reterritorialização (*blogs*, *chats*, [..], tecnologias móveis)". E é nesse lugar, ao mesmo tempo, territorializado e reterritorializado, que os jovens podem ser encontrados porque são fascinados pela transformação e evolução das inovações tecnológicas.

Para os jovens, o ciberespaço consiste em um lugar de pertencimento na medida em que podem fazer e desfazer amizades, e "apoderarem-se destes novos meios (*blogues*, redes sociais, telemóveis) de que são os grandes utilizadores num procedimento de comunicação interindividual, coletivo e constante" (BLAYA, 2013).

O ciberespaço é caracterizado por diversas realidades, entre elas a virtual e a real. Aqui é importante realçar se existe diferença entre o real e o virtual, para efeito de territorialização. Para Lévy,

> É virtual toda entidade "desterritorializada", capaz de gerar diversas manifestações concretas em diferentes momentos e locais determinados, sem contudo, estar ela mesma presa a um lugar ou tempo particular. [...] ainda, que não possamos fixá-lo em nenhuma coordenada espaço temporal, o virtual é real (LÉVY, 2010, p. 73).

Significa afirmar que o ciberespaço relaciona com a realidade virtual, ao reunir e concentrar informações, interfaces gráficas dos internautas com as redes na convergência com as mídias digitais. Em outras palavras, "o ciberespaço deve ser concebido com um mundo virtual global coerente, independente de como se acede e como se navega nele" (SANTAELLA, 2004, p. 40).

Esse ambiente navegável, composto de inúmeras superfícies labirínticas e velozes são universos que agradam os jovens, ao terem, sem muito esforço, informações disponíveis das mais variadas matrizes (históricas, músicas e musicais, filmes, séries, *ebooks*) acessáveis nos portais ou sítios virtuais.

Estudos de 2015, da TIC Kids Online Domicílios do Brasil, realizado pelo Comitê Gestor da Internet, levantou dados que apontam o percentual de 80% da população brasileira, que corresponde a 23 milhões de crianças e adolescentes, com idade entre 9 a 17 anos usuárias da *Internet*, proporção que tem aumentado nas pesquisas elaboradas nos últimos onze anos que antecederam a 2015 (CGI.br, 2015).

Dados mais recentes do Programa (PNAD), disponibilizados no *site* do IBGE, apontam que os jovens têm predominância quando se trata de internautas, entre eles os sujeitos investigados nessa pesquisa, que possuíam à época da amostra, 14 a 17 anos de idade, com proeminência das jovens mulheres, como se vê no gráfico a seguir:

Gráfico 2 - Percentual de pessoas que utilizaram a *internet* no quarto trimestre de 2016 de população de 10 anos ou mais de idade, por sexo, segundo os grupos de idade no Brasil.

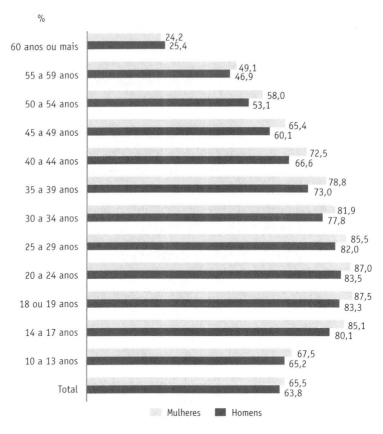

Fonte: Pesquisa Nacional por Amostra de Domicílios Contínua (PNAD-2016) – IBGE.

A amostra do IBGE compreendeu um universo de 116.073 mil entrevistados, tendo sido informado que o acesso à *internet* foi, predominantemente, via aparelho celular, 94,6% ou 109.818 mil pessoas com 10 anos ou mais de idade. Dentre as regiões do país, na Região Norte, o Tocantins se destacou como o Estado que apresentou um número elevado de pessoas que detinham aparelhos celulares (74,4%) e, dentre todas as regiões, o Distrito Federal se superou com (89,8%) (IBGE, 2016).

Dessa pesquisa, outro aspecto relevante diz respeito ao motivo pelo qual as pessoas utilizam o aparelho celular, sendo que, na região Norte, predominou o envio e/ou recebimento de mensagens de texto, voz ou imagens diversas daquelas enviadas no *e-mail*.

Gráfico 3 - Percentual de pessoas que acessaram a *internet* em cada finalidade de acesso na população de 10 anos ou mais de idade no 4º trimestre de 2016.

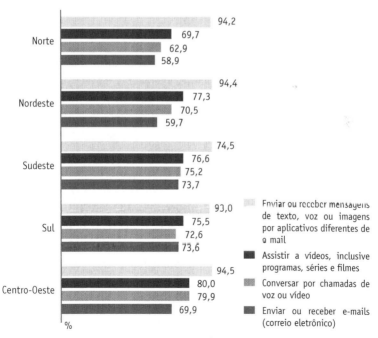

Fonte: Pesquisa Nacional por Amostra de Domicílios Contínua (PNAD-2016) – IBGE.

Os *smartphones*, ou celulares móveis que condensam as utilidades do computador fixo em um aparelho móvel, são instrumentos preciosos e estimados pelos jovens e adolescentes. Além do *status* de estarem na *Internet*, independentemente do modelo e preço do aparelho celular, seus usuários sentem pertencidos às redes sociais pela territorialização no ciberespaço.

Portanto, o ciberespaço ou espaço virtual diretamente relacionado à *Internet* é um lugar que os jovens brasileiros podem ser encontrados, porque se sentem familiarizados e sociáveis (BLAYA, 2013). Exemplo desse pertencimento é o tempo destinado à conexão em redes sociais em que os usuários podem permanecer plugados quanto tempo quiserem, por serem acessíveis nas plataformas em *wi-fi* disponíveis em escolas, universidades, bares, restaurantes, estabelecimentos públicos ou privados e em conexão 3G ou 4G. Lehr; Maknight (2003, p. 351), explicam que enquanto,

> O primeiro, 3G, refere-se à coleção de tecnologias móveis de terceira geração que são projetadas para permitir que as operadoras móveis ofereçam serviços integrados de dados e voz através de redes móveis. O último, WiFi, refere-se ao padrão de Ethernet sem fio 802.11b que foi projetado para suportar LANs sem fio.

Ou seja, embora ambas sejam pagas, porque a *wi-fi ou Wireless Internet*, apesar de ser disponibilizada 'gratuitamente' aos usuários, em ambientes como hotéis e até em aviões, trata-se de um serviço pago por um particular. As redes 3G ou 4G são disponibilizadas ao particular e somente a ele, ou a um grupo de pessoas por ele selecionado, em contrato firmado com uma empresa de telefonia. Constituem, portanto, serviços prestados e disponibilizados pelas operadoras de telefone móvel em que propiciam conexão 24 horas por dia e acesso ao ciberespaço em tempo e velocidades maiores.

A facilidade da mobilidade, navegação e interacionalidade são características do ciberespaço, considerado, enfim,

> Como todo e qualquer espaço informacional, multidimensional que, dependente da interação do usuário, permite a este o acesso, a manipulação, a transformação e o intercâmbio de seus fluxos codificados de informação. Assim sendo, o ciberespaço é o espaço que se abre quando o usuário conecta-se com a rede. Por isso mesmo esse espaço também inclui os usuários dos aparelhos sem fio, na medida em que esses aparelhos permitem a conexão e troca de informações. Conclusão, ciberespaço é um espaço feito de circuitos informacionais navegáveis. Um mundo virtual da comunicação informática, um universo etéreo que se expande indefinidamente mais além da tela, por menor que seja, podendo caber até mesmo na palma de nossa mão (SANTAELLA, 2004, p. 45-46).

E é neste lugar navegável, o ciberespaço, em que os jovens podem ser encontrados, movidos por interesses sociais movimentados nas redes por Castells (2004), fluxos comunicacionais de sociedades em rede, conectados às/nas comunidades virtuais. As redes sociais são novas tessituras comunicacionais maleáveis e habitadas por jovens e adolescentes em tempo real.

2.5 A COMUNICAÇÃO NAS REDES SOCIAIS

Antes da abordagem da comunicação realizada pelos jovens nas redes sociais, faz-se necessário referir-se a alguns autores que discorrem sobre a teoria da comunicação em áreas distintas do conhecimento.

Na área da comunicação social, Wolf (1999), além de apresentar os meios de comunicação de massa, a caracteriza a partir das consequências que são geradas a longo prazo instauradas pela notícia, com base no *mass media* (aparatos tecnológicos, experiências individuais). Wolf (1999, p. 112) conclui que

> [...] se a informação de massa acaba por ser uma actividade completamente diferente de uma simples reprodução dos acontecimentos, a sua produção surge-nos como um processo comunicativo que envolve muitas variáveis heterogêneas.

Marques e Martino (2015) traçam apontamentos a respeito dos problemas conceituais, nas práticas institucionais na organização da bibliografia aos cursos de graduação e projetos de pesquisa dos cursos de comunicação. Essa inquietação é justificada pelas teorias comunicacionais ao trabalharem em espaços digitais, porque "a constituição disciplinar/interdisciplinar é objeto de dissenso, assim como a validade de determinados aportes epistemológicos diante dos cenários midiáticos que se apresentam diante da investigação da comunicação" (MARQUES; MARTINO, 2015, p. 14).

Luhmann (2016), em outra dimensão, tratou a comunicação inserida na teoria dos sistemas sociais, em uma acepção ampla e interdisciplinar. Nesse entendimento, o autor insere a comunicação no cerne da própria comunicação, ou seja, um enfoque diferenciado ao conceber que a comunicação gera comunicação. Para tanto, a autorreprodução da comunicação ocorre em uma matriz autopoiética, impulsionada pelo sujeito e a ação social que fazem parte desse sistema, conduzindo e gerando a comunicação.

Entretanto, os sujeitos não são os únicos responsáveis pela comunicação. Os meios de comunicação, livros, jornais e revistas são para Luhmann (2016), instrumentos utilizados pelos sujeitos na comunicação. Apesar de o autor não ter incluído as redes sociais na teoria comunicacional por ele criada, Fernandes (2015), argumenta que elas podem ser inseridas na teoria social de Luhmann, porque são ferramentas comunicativas ou ambientes utilizados para que as pessoas possam se comunicar na percepção das nuances de "produzir e processar as irritações" (FERNANDES, 2015, p. 45).

Esse entendimento é ratificado por Baecker (2006), ao afirmar que as redes sociais podem ser consideradas como sistemas autopoiéticos, introjetadas dentro da *web*, organizadas e sistematizadas em técnicas próprias. O *software* de uma rede social orientará os usuários a criarem perfis que serão selecionados e identificados por outros perfis, pessoas *on line* com interesses semelhantes (ídolos, cidades, viagens, amigos), formando uma nova conexão em rede.

O ponto forte da teoria luhmaniana, está centrada na assincronicidade (tempo e espaço) da comunicação que os ambientes tecnológicos podem propiciar. Exemplificando a comunicação na *web* por essa acepção teórica, o usuário de uma rede social como o *Facebook*, ao postar uma mensagem de texto, imagem ou vídeo, não saberá quando seus amigos dessa rede social irão se interessar pela postagem e qual o internauta de seu grupo de amigos irá receber, ler e interpretar a mensagem. Suponha-se que de um total de 200 amigos, 50 deles visualizaram a postagem, 10 amigos curtiram, 10 comentaram e 10 compartilharam. Verifica-se que do total de 200 amigos, apenas 80 deles se interessaram pela mensagem. Do total de 80 amigos, 30 deles se comunicaram diretamente com o usuário que a publicou. Conclui-se, nesse exemplo, que a mensagem postada inicialmente, geram outras mensagens em rede, comunicação mediada pelas redes sociais que geram outras comunicações, que se autorreproduzem em consonância com a teoria da comunicação de Luhmann (2016).

Em outra obra, intitulada "A realidade dos meios de comunicação", Luhmann (2005, p. 161), explica,

> Esse diagnóstico pode ser ampliado quando se considera adicionalmente o aumento da irritabilidade da sociedade e a interpretação recursiva da comunicação produzida pelos meios de comunicação de massas com a comunicação cotidiana nas interações e nas organizações da sociedade. Por um lado, os meios de comunicação absorvem comunicações; por outro, estimulam o trânsito das comunicações. Eles vertem, assim, continuamente, nova comunicação sobre os resultados da comunicação atual. Nesse sentido, eles são responsáveis pela produção de 'valores próprios' da moderna sociedade, a saber, aquelas orientações relativamente estáveis nas esferas cognitiva, normativa e avaliativa, que não podem ser fornecidas do exterior, mas surgem do fato de operações serem aplicadas recursivamente aos seus próprios resultados.

Em síntese, na teoria comunicacional luhmanniana, o ponto de contato nas comunicações operacionalizadas nas redes sociais são verificadas na capacidade que elas possuem de reunir pessoas em universos físicos diferentes, mas, interligadas por relações pessoais baseadas na confiança, afinidade e troca recíproca e voluntária de informações transformadas e reproduzidas em e na comunicação.

Esse entendimento é, em parte, ratificado por Castells (2005), quando aduz que os novos meios de comunicação absorvem os antigos ao citar o antigo *karaokê,* em que o cantor interage com uma máquina programada para acompanhar o repertório, ritmos musicais e, ao mesmo tempo, interagir com outras pessoas onde o evento é realizado. Ou seja, se o karaokê para o autor era uma forma de comunicação interativa entre o cantor, a máquina e outras pessoas pode ser equiparado à *web* como uma tecnologia redesenhada de comunicação. Desse modo, a galáxia da *Internet* para Castells (2005, p. 457), é caracterizada por uma comunicação em que o internauta tem a flexibilidade temporal de se comunicar; na estratificação dos usuários "levando à co-existência de uma cultura da mídia de massa personalizada com uma rede de comunicação eletrônica interativa de comunidades auto-selecionadas"; a possibilidade de se ter "a comunicação de todos os tipos de mensagens no mesmo sistema, ainda que seja interativo e seletivo [...].

Para que os usuários possam exercitar a comunicação na *Internet*, os aplicativos ou redes sociais requerem linguagens próprias, interligadas em múltiplas redes tecidas no ciberespaço que podem produzir efeitos benéficos ou maléficos a outras pessoas, considerações tratadas no próximo tópico.

2.6 A ATUAÇÃO DOS JOVENS NAS REDES SOCIAIS E OS RISCOS E DANOS PROPICIADOS NA *INTERNET*

A atuação e a comunicação dos jovens nas redes sociais e a relação com os riscos e os danos que a *Internet* pode trazer é importante ser destacado porque apesar de, muitas vezes, os jovens entenderem que são autosuficientes em redes sociais essa premissa pode ser falsa. Dessa forma, o perigo deles serem capturados por pessoas que gastam o tempo vasculhando as redes sociais é o indício que os agressores conseguem identificar quem tem o perfil vulnerável e suscetível para cair em armadilhas virtuais.

Após o usuário da *web* ter se exposto em redes sociais sem tomar as precauções necessárias, há a probabilidade de ter os dados e/ou imagens copiadas, replicadas e compartilhadas a um número indefinido de pessoas. São problemas relacionados às comunicações nas/das redes sociais verificáveis no gosto dos jovens, situações desencadeadoras de riscos na *Internet*.

2.7 AS REDES SOCIAIS E OS APLICATIVOS VIRTUAIS MAIS UTILIZADOS PELOS JOVENS

O uso de vários aplicativos e redes sociais se constituem como fontes de comunicação preferidas dos jovens brasileiros (SAFERNET, 2017). Os aplicativos ou *softwares* são instalados em *smartphones* e capacitam o usuário a se integrar em comunidades *on line* ou redes sociais.

Lima (2011) conceitua as redes sociais como espaços populares utilizados pelos jovens para o contato entre os amigos e assinala que a integração em uma rede social equivale a um passeio ao *shopping* com os amigos. Nesse ponto de vista, servem para disseminar a penetração da comunicação pessoal através do reforço do desenvolvimento das comunidades (CASTELLS, 2005).

Blaya (2013, p. 25-26) complementa que as redes sociais são:

> um meio de partilhar informações, de criar presença virtual e de mobilizar os utilizadores. [...] Aliás, quando se pergunta aos adolescentes sobre o interesse das redes sociais, eles avançam que é um meio de ter muitos amigos [...] e trata-se, então, de ser o mais popular possível numa busca da encenação da imagem na Rede.

As redes sociais podem ser entendidas como ambientes que permitem que pessoas construam perfis públicos ou semipúblicos (estes últimos, compreendidos como acessíveis a pessoas predeterminadas por um perfil pessoal e/ou profissional), a articulação com outros usuários compartilhados na plataforma virtual e a visualização mediante consulta, de suas próprias conexões e conexões de outros usuários (BOYD; ELLYSON, 2007).

Bauman ao ser entrevistado por Ricardo de Querol em 2016, jornalista do *El País*, critica as redes sociais porque os elos estabelecidos entre seus membros são frágeis, ao afirmar que:

> [...] A questão da identidade foi transformada de algo preestabelecido em uma tarefa: você tem que criar a sua própria comunidade. Mas não se cria uma comunidade, você tem uma ou não; o que as redes sociais podem gerar é um substituto. A diferença entre a comunidade e a rede é que você pertence à comunidade, mas a rede pertence a você. É possível adicionar e deletar amigos, e controlar as pessoas com quem você se relaciona. Isso faz com que os indivíduos se sintam um pouco melhor, porque a solidão é a grande ameaça nesses tempos individualistas. Mas, nas redes, é tão fácil adicionar e deletar amigos que as habilidades sociais não são necessárias [...] (BAUMAN, 2016).

As principais e mais populares redes sociais utilizadas pelos jovens são: o *Facebook*, o *Instagram* e o *WhatsApp*. Para tanto, neste tópico serão discriminadas as características de cada uma delas para a compreensão da escolha de navegação e forma de comunicação dos jovens brasileiros e como a relação com o *cyberbullying* será identificada para atender aos objetivos deste trabalho.

A primeira modalidade, o *Facebook,* também denominado de aplicativo virtual, já se encontra disponível para acesso gratuito na *Internet*, mediante *download* nas lojas virtuais. A plataforma dessa rede social possui várias janelas fáceis de serem acessadas pelos usuários que podem inserir álbuns de fotografias, vídeos, postagens de textos, replicações de notícias da *web* e o compartilhamento de postagens de outros usuários (*FACEBOOK*, 2018).

A rede virtual possibilita que o usuário além de interagir individualmente com outras pessoas, faça parte de novos grupos de amigos, convide pessoas para os grupos dos quais ele participa e possa ser chamado para outros grupos. A linha do tempo do usuário, contempla uma visão geral do perfil dessa pessoa em que podem ser visualizadas informações sobre: data de nascimento, gênero, estado civil, lugar onde mora e trabalha, número de telefone celular, *e-mail,* histórico das postagens e o número de amigos (*FACEBOOK*, 2018).

Todas essas informações podem ser obtidas por qualquer pessoa se o usuário dessa rede social não restringir o acesso a terceiros. Os amigos podem, portanto, acessar essa rede, mediante senha de seu próprio aplicativo e, a partir dele, acompanhar todas as postagens que foram feitas por todos os amigos, conversar no *mensager on line (*quando a pessoa que pretende dialogar está logada no ambiente privado*)*; e, *off line (*deixa mensagem para que o destinatário dela possa ler quando estiver logada); curtir, comentar as postagens dos amigos e compartilhar as mensagens.

A plataforma também seleciona automaticamente, fotos e/ou vídeos que foram postadas pelos usuários e os oferece em outro formato, a exemplo de retrospectiva de álbum de fotos ou vídeos anteriormente postados como uma propaganda de comunicação entre os usuários gratuitamente (*FACEBOOK,* 2018).

No quadro abaixo, seguem resumidas as principais informações contidas no *Facebook,*

Quadro 3 – Rede social: *Facebook.*

Rede social	Facebook
Website	https://www.facebook.com
Descrição	O interessado ingressa na rede social, após cadastro dos dados pessoais e mantém contato com pessoas ou grupos entre os quais possui afinidades.
Termos e Condições	https://www.facebook.com/policies
Políticas de privacidade	https://www.facebook.com.privacy/explanation
Página ou seção de privacidade	https://www.facebook.com/fbprivacy

Fonte: Elaborado pela autora (SEIXAS; FERNANDES; MORAIS; 2016).

A segunda rede social, o *Instagram*, foi criada em 2010, por Mike Krieger e Kevin Systrom, inicialmente programada para *iPhone*, *iPad* e *iPod Touch*, e posteriormente, estendida aos celulares *Android's* portadores de câmeras acopladas ao aparelho celular (*INSTAGRAM*, 2018).

O *Instagram* é uma rede social diferente do *Facebook* porque possui uma feição mais enxuta e livre de subgrupos nas quais os usuários podem criar dentro das microcomunidades virtuais. Constitui, portanto, uma plataforma digital na qual o usuário tem múltiplas aplicabilidades entendidas para os jovens, autointuitivas e fáceis de manusear.

A seguir, o leitor poderá visualizar na figura 4, encontrada na página oficial do *Instagram*, a interface do aplicativo virtual, ilustrado com imagens, e *links* que o usuário poderá utilizar por categorias dentro do aplicativo.

Figura 4 - Página on line do Google Play.

Fonte: elaborada pela autora a partir de captura da página:
https://play.google.com/store/apps/details?id=com.instagram.android&hl=pt_BR.
Acesso em abril de 2019.

Esta modalidade de rede social no Brasil, em 2017, possuía cerca de 50 milhões de usuários, sendo o segundo país no mundo a utilizar o aplicativo nos celulares, de um total de 700 milhões de pessoas (SANCHEZ, 2018). O *Instagram* caracteriza-se como uma rede social virtual para pessoas que tenham idade igual ou superior a 13 anos, autorizadas a postarem fotografias e vídeos curtos de, até 16 segundos, e a compartilharem os dados em outras redes como: *Facebook, Flickr, Twitter, Tumblr* (*INSTAGRAM*, 2018).

Rasmussem (2018) ensina que para ser usuária dessa rede social, a pessoa deve, primeiramente, baixar o *download* do aplicativo no celular (encontrável na *App Store* para aplicativos IOS e *Google Play* para *android*) e abrir uma conta, que, após sua criação, estará disponível para uso. A plataforma do *Instagram* é simples e possui filtros capazes de modificar as fotos a gosto dos usuários, com a inserção de legendas, cortes e cores contendo efeitos multivariados.

O diferencial da funcionalidade do *Instagram* está na utilização instantânea, a partir do próprio aplicativo virtual, da câmera de foto e/ou vídeo e sua imediata publicação (*INSTAGRAM*, 2018).

No topo da página do *Instagram* é possível assistir às histórias dos amigos (*stories*), vídeos que duram 24 horas no perfil do internauta, e na borda infinita do aplicativo, visualizar todas as demais postagens.

Os jovens o consideram uma comunidade menos tóxica porque não tem aplicativos de jogos, não permite a abertura de novas comunidades dentro do próprio grupo (a exemplo do *Facebook*), e permite selecionar as fotos e vídeos por temas e/ou assuntos.

Diferentemente do *Facebook*, a ordem das postagens do *Instagram* não é cronológica. Ou seja, são organizadas por um algoritmo diferenciado, porque: quanto mais comentários e curtidas elas tiverem, mais acessos e curtidas e/ou comentários elas terão pelos amigos seguidores da rede social. Nessa rede social,

> [...] podem ser encontradas informações tais como "nome de usuário", a foto que ilustra e identifica aquele determinado perfil, quantas fotos foram enviadas por ele, quantos seguidores a conta possui, e quantos a conta está seguindo. Quando o usuário opta por seguir alguém, as fotos aparecem imediatamente no fluxo (feed), permitindo "curtir" fotos e comentá-las. Além disso, o Instagram possui uma ferramenta que facilita a localização de usuários de outras redes sociais que também usam o aplicativo, podendo, assim, segui-los facilmente, ou mesmo até convidar indivíduos que não estão em redes sociais. Existe a possibilidade dos usuários buscarem por outras pessoas na sessão "Popular", onde estão localizadas as fotos mais atuais estão sendo "curtidas". Ao selecionar qualquer foto dessa página, o usuário poderá visualizar todas as outras fotos enviadas disponíveis nesse perfil (PIZA, 2012, p. 11).

A *hashtag*, símbolo ilustrado em parêntese (#), permite ao *instagramer*, postar fotos e vídeos que podem ser visualizados e curtidos pelos seguidores amigos do usuário. Entretanto, o *Instagram* diverge do *Facebook*, porque se evita, ao máximo, postagens de mensagens longas e não oferta multifuncionalidades nas lapelas da página como: oferta de jogos, variedades de outras comunidades, entre outras.

No quadro a seguir, assim como feito em relação ao *Facebook*, estão explicitadas o endereço eletrônico onde a rede social do *Instagram* se encontra e as políticas de uso e privacidade disponíveis ao usuário.

Quadro 4 - Rede social: *Instagram*

Rede social	Instagram
Website	https://www.instagram.com/?hl=pt-br
Descrição	O interessado ingressa na rede social, após cadastro de dados pessoais e solicita autoriza para seguir os amigos. De igual modo, os amigos pedem para seguir o usuário.
Termos e Condições	https://instagram.com/about/legal/terms/before-january-19-2013/
Página de privacidade	https://help.instagram.com/116024195217477/?helpref=hc_fnav&bc[0]=Ajuda%20do%20Instagram&bc[1]=Central%20de%20privacidade%20e%20seguran%C3%A7a
Políticas de privacidade	https://help.instagram.com/155833707900388
Página ou seção de privacidade	http://instagram.com/legal/privacy/

Fonte: Elaborado pela Autora a partir de informações
publicadas no site oficial do *Instagram*.

Para otimizar a compreensão do aplicativo, na figura 5, verifica-se a página do *Instagram* e as explicações das funcionalidades do aplicativo virtual. No lado superior da figura, visualiza-se as histórias dos usuários disponíveis por apenas 24 horas na borda da plataforma e traduzem-se em momentos gravados ou fotografados com os vizinhos, amigos, colegas da escola, viagens, ou seja, relatos que os *instagramers*, como são chamados, compartilham com os amigos dessa rede social, denominados de seguidores.

Na margem inferior, constam os cinco ícones. O primeiro ícone aparece em formato de uma casinha, aba padrão para ingressar no aplicativo, local onde o internauta pode ver as postagens dos amigos.

O segundo, tem formato de sinal (+), serve para utilizar o *instagram stories* e permite acesso à câmera e o microfone do aparelho celular. O terceiro ícone, em formato de lupa tem a finalidade de pesquisar as contas dos demais usuários.

O quarto, representado por uma figura de coração, mostra que os usuários dessa rede curtiram ou visualizaram as curtidas em períodos semanais e mensais.

O quinto e último ícone, em formato de silhueta de uma pessoa, exibe todas as imagens e publicações postadas pelo usuário na sua plataforma, o número de seguidores e as pessoas que segue e a editar o perfil da conta.

Figura 5 - Funcionalidades do *Instagram*.

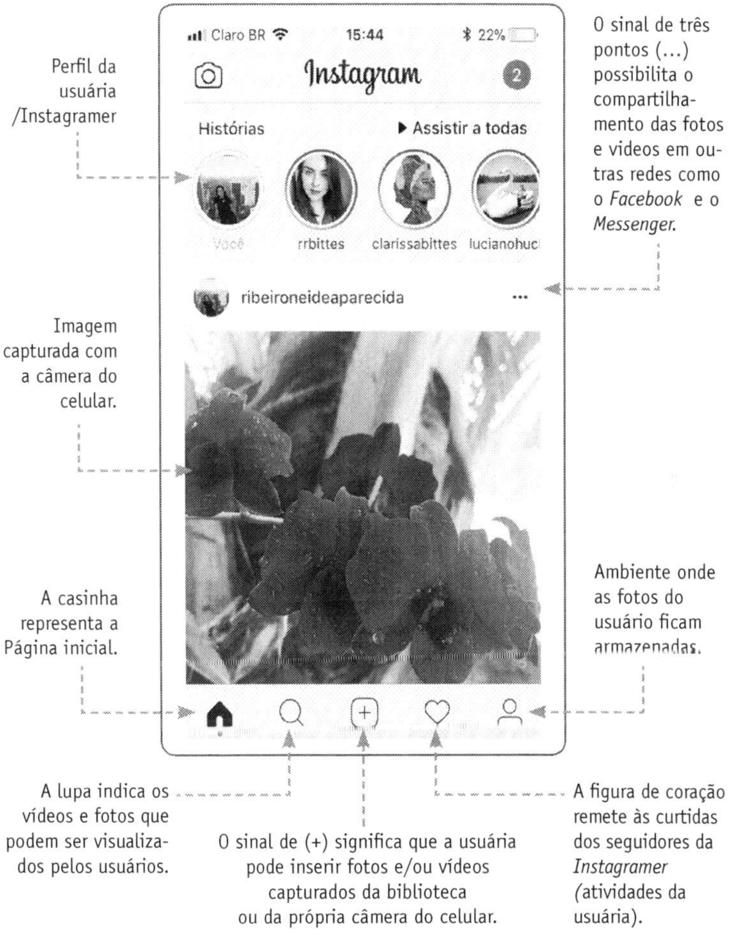
Claro BR
15:44
22%
Instagram
2
Histórias
▶ Assistir a todas
Você
rrbittes
clarissabittes
lucianohuc
ribeironeideaparecida
Perfil da usuária /Instagramer
O sinal de três pontos (...) possibilita o compartilhamento das fotos e vídeos em outras redes como o *Facebook* e o *Messenger.*
Imagem capturada com a câmera do celular.
A casinha representa a Página inicial.
Ambiente onde as fotos do usuário ficam armazenadas.
A lupa indica os vídeos e fotos que podem ser visualizados pelos usuários.
O sinal de (+) significa que a usuária pode inserir fotos e/ou vídeos capturados da biblioteca ou da própria câmera do celular.
A figura de coração remete às curtidas dos seguidores da *Instagramer* (atividades da usuária).

Fonte: elaborado pela autora a partir de captura de imagem de aparelho celular *Iphone.*

A terceira rede social, o *WhatsApp*, possui uma configuração apenas para uso em celulares em que o detentor do aparelho, instala o aplicativo no celular, e, a partir do carregamento da agenda eletrônica de números de outros contatos telefônicos de *smartphones*, pode se comunicar com outros usuários (*WhatsApp*, 2018). É importante frisar que o aplicativo também pode ser utilizado pelo computador através do recurso *WhatsApp Web* (utilizando o QR Code disponibilizado no navegador da *web*), em que a rede social demonstra atualizações na tela do computador, além da tela do celular. Dessa forma, o usuário não precisa recorrer à tela do celular para interagir na rede social e é possível a troca de mensagens pelo navegador da *Internet*.

O usuário pode enviar gratuitamente mensagens de texto e voz, conversar ao telefone em chamada direta de áudio e/ou de vídeo pelo aplicativo, para qualquer pessoa no planeta que tenha *internet* disponível.

Para que se possa fazer uso desse aplicativo, é preciso ter idade igual ou superior a 13 anos, possuir um aparelho celular e aceitar as condições de uso. Se for adolescente menor de 13 anos, o responsável legal deverá aceitar e se responsabilizar pelo menor (*WhatsApp*, 2018).

O Brasil possui 120 milhões de pessoas utilitárias dessa rede social e é o segundo país no mundo a utilizar o aplicativo virtual, ficando atrás apenas na Índia com 200 milhões de usuários. Com o intuito de reduzir casos de violência na Índia, o *WhatsApp* alterou a política de segurança e reduziu em julho de 2018, a permissão de se compartilhar as mensagens apenas a cinco destinatários. Coincidência, ou não, a empresa iniciou os testes dessa alteração no Brasil a partir de 17 de janeiro de 2019, adotando a mesma política de redução de compartilhamento e replicação de mensagens falsas (*fake news*), as quais os usuários não conferem as fontes das notícias, antes de remetê-las a diversos amigos. A justificativa da empresa é a inter referência do modo de pensar das pessoas, da remessa de textos e/ou imagens contendo violência e morte e a interferência nas eleições no Brasil de 2018. Por essas razões, o compartilhamento das mensagens, caiu de 20 para 5 destinatários individuais ou de grupos (KLEINA, 2019).

Abaixo, segue o quadro com os *links* do aplicativo do *WhatsApp,* com a descrição do *website* e as políticas de uso.

Quadro 5 – Rede social: *WhatsApp*

REDE SOCIAL	WhatsApp
Website	✎ https://www.whatsapp.com/features/
Descrição	O usuário detentor de um aparelho de telefone móvel deve baixar o aplicativo *whatsapp. com/dl* em seu celular.
Termos e Condições	✎ https://www.whatsapp.com/legal/#terms-of-service
Página de privacidade	✎ ttps://www.whatsapp.com/legal/#privacy-shield
Políticas de privacidade	✎ https://www.whatsapp.com/security/
Página ou seção de privacidade	✎ https://www.whatsapp.com/legal/#privacy-policy

Fonte: Elaborado pela autora a partir de informações
no *site* oficial do *WhatsApp.*

Outras comunicações apreciadas pelos jovens sao os formatos reduzidos e abreviados que demonstram reações nas postagens realizadas denominadas de *emojis,* símbolos gráficos criados no século 20 no Japão, utilizados em comunicações móveis e mídias sociais.

O *Facebook* informa que são mais de 400 espécies em formatos de rosto, sinais, animais, estrelas, entre outros de *emojis* que podem ser utilizados (*FACEBOOK*, 2018) e é considerado como,

[...] um atalho para uma expressão facial. Permite ao autor expressar seus sentimentos, humores e emoções, e aumenta uma mensagem escrita com elementos não verbais. Isso ajuda a chamar a atenção do leitor, aprimora e melhora a compreensão da mensagem. Um emoji é um passo adiante, desenvolvido com modernas tecnologias de comunicação que facilitam mensagens mais expressivas. Um emoji é um símbolo gráfico, ideograma, que representa não apenas expressões faciais, mas também conceitos e idéias, como celebração, clima, veículos e edifícios, comida e bebida, animais e plantas, ou emoções, sentimentos e atividades (PETRA et al, 2015, p. 2). (tradução nossa)

A figura abaixo apresenta alguns modelos de *emojis*, que permitem ao internauta das redes sociais se comunicar de forma rápida sem uso de texto, uma vez que cada um deles possui significação linguística específica.

Figura 6 - *Emojis* de formatos de rosto exprimindo diversas reações.

Fonte: *FACEBOOK*, 2018 *(on line)*.

Os *emojis* são comunicações visuais materializadas em imagens suportadas em redes sociais como o *Facebook, Instagram* e *WhatsApp*, utilizados nas comunidades virtuais em constante movimento. Porém, são criticados por Bauman (2005) por entender que se constituem em simulacro de identificação das "totalidades virtuais".

Os jovens se comunicam nas redes sociais do *Facebook, Instagram* e *WhatsApp* em um linguajar diferenciado. As palavras são abreviadas ou trocadas por símbolos que exprimem sentimentos como afeto, carinho, raiva, tristeza. São significados que atraem os jovens e adolescentes, porque se identificam com uma língua virtual própria.

Entretanto, apesar de essas redes virtuais oferecerem políticas específicas para o uso seguro, os riscos estão presentes se não houver cautela e conscientização entre os usuários na *web*.

2.8 OS BENEFÍCIOS E OS RISCOS DA *INTERNET*

A *Internet* tem várias funcionalidades e apresenta uma multiplicidade de benefícios e riscos aos usuários. Como benefícios, os autores apontam a autonomia de consulta a diversas temáticas, a exemplo de pesquisas disponíveis em repositórios eletrônicos, livros disponíveis em PDF, sítios da administração pública e *sites* privados, comércio eletrônico, bancos virtuais, culinária, moda, entre outras (CASTELLS, 2003; LIMA, 2011).

Apesar de os autores o denominarem de um mundo virtual, alimenta-se de informações postadas por pessoas reais o que implica em possibilidades de riscos como ofensas à privacidade de dados relacionados à vida privada, pessoal e profissional (CASTELLS,2003; CASTELLS, 2003; BLAYA, 2014).

Os riscos podem ser definidos como ações que expõem o sujeito a algum tipo de perigo. Giddens (2002 [1938]) trata da noção do risco na modernidade em vários aspectos como as doenças que levam uma pessoa à morte, os diversos tipos de seguros, eventos relacionados ao fatalismo e à vida. O autor qualifica como sistemas abstratos da modernidade, como as mudanças tecnológicas e "criam grandes áreas de segurança relativa para a continuidade da vida cotidiana" (GIDDENS, 2002, p. 126).

Ponte; Vieira (2007, p. 8-9), ressaltam que os riscos existentes na *internet* têm preocupado os pesquisados, classificados em três categorias:

> [...] o risco procedente da navegação pelas páginas *web* (o dano procede do material ou conteúdo da *web*); o risco procedente da participação em serviços interactivos (o dano potencial reside nas pessoas e no comportamento) e os riscos derivados do excesso de tempo de exposição (os sectores mais pessimistas normalmente argumentam que os conteúdos do ciberespaço provocam o vício e o isolamento social).

Essa categorização é importante porque desmistifica que tudo o que existe na *internet* é nocivo. Ao contrário, a rede *web* é um terreno fértil de oportunidades e de informações. Entretanto, os perigos que permeiam a *Internet* ganham relevo na medida em que a violência é perpetrada mediante a divulgação de dados não autorizados, como por exemplo: endereços residenciais e números de telefones pessoais e profissionais; imagens registradas em fotografias e vídeos antigas ou atuais dos parentes, dos amigos e da própria vítima; fragmentos de textos publicados em redes sociais *on line*; *lives* postados e replicados mediante compartilhamentos pelos membros das comunidades *on line*. A divulgação desses dados amplia-se na replicação desmedida das mensagens por outros internautas que não se dão conta da dimensão dos danos na vida da vítima, resultantes da propagação e compartilhamento das mensagens por terceiros.

As ações dos internautas de postarem imagens e vídeos na *Internet*, sob esse enfoque, são parecidas com os comportamentos de participantes em programa televisivo, transmitido ao vivo e reproduzido na *web*, denominado *Big Brother*, no formato de *Reality Show*, onde os sujeitos são objeto de observação, vistos o tempo todo por qualquer pessoa (*WIKIPEDIA*, 2018).

As *selfies*, fotografias tiradas de si mesmos pelos usuários são exemplos de exposição que os internautas fazem para serem vistos na *Internet*. Entretanto, a exibição exacerbada de si próprios e a exposição das informações da esfera privada da pessoa é perigoso ao ficar disponível a qualquer interessado que pesquisar na *Internet*.

Bentham (2008), na obra 'O panóptico e as casas de inspeção', idealizador do panóptico, um modelo arquitetônico criado em 1791, para a construção de penitenciárias, hospitais, casas de trabalho, manicômios e escolas, é baseado nos princípios da vigilância e invisibilidade. Foucault (2009), em 'Vigiar e Punir', livro escrito na versão original em 1975, retoma o panoptismo como um mecanismo de controle e de poder. Os instrumentos de registros das ações praticadas pelos detentos na penitenciária, construída no modelo do panóptico dão ao observador ou ao carcereiro, uma posição privilegiada de que a tudo vê e constitui-se para Foucault (2009, p. 190), em "unidades espaciais que permitem ver sem parar e reconhecer imediatamente". Dessa forma, o panóptico relatado nestas obras era executado por terceiros com o objetivo de vigiar, controlar, punir.

Sob outro paradigma, Dauman (2013 [1925]), assevera que nas sociedades pós-modernas, as pessoas se subordinam a carregar sob seus próprios corpos, panópticos pessoais, os *smartphones*. São ferramentas, que devem funcionar interruptamente, até debaixo do travesseiro. Não podem ser desligadas. O controle é feito pelos amigos na rede que funciona ininterruptamente. A linha tênue do que é público e do que é privado se confunde no emaranhado de informações compartilhadas na *web*, e Bauman (2011b) pondera que

> Entre as imagens das formas de união que a prática da telefonia celular substituiu ou eliminou, o conceito de "rede" sobressai principalmente por sua flexibilidade e pela ilusória adaptabilidade ao rígido manejo e monitoramento, bem como pelo rápido e indolor ajuste e pela reformulação. Caracteriza-se ainda pela portabilidade: ao contrário de outros grupos de pessoas, as "redes" registradas nos aparelhos de seus donos os acompanham a todo momento, como a concha de um caracol, onde quer que eles vão ou parem. As redes lhes dão a ilusão de que "estão no controle" de modo permanente e contínuo.

Importante esclarecer que o panóptico atual é executado em coautoria com os observadores porque a selfie é produzida pelo autor da imagem em vídeos e/ou fotografias, que as expõem na *web* para serem vistas. Muitas vezes, as selfies são produzidas em lugares de difícil acesso e perigosos, a exemplo de uma jovem de 17, T. C. F. de anos que morreu tentou tirar uma selfie em uma cachoeira em Minas Gerais (BALBINO, 2018, *on line*).

Diante do olhar do panóptico dos autores citados, verifica-se a necessidade de se considerar os perigos existentes na *web*. Smith (2009), não define o que seja risco, mas apresenta uma visão geral de condutas realizadas pelos internautas consideradas arriscadas, como: exposição a conteúdos relacionados a sexo virtual, ao alto grau de violência e mutilação, a discriminação e ódio racial; vírus; jogos de apostas; compras de bens ilícitos; ações fraudulentas; entre outras.

Os riscos estão diretamente relacionados ao alto grau de vulnerabilidade e perigo que o internauta se sujeita em ações na *internet* motivado pela curiosidade, ou mesmo pelo desconhecimento que podem resultar em consequências danosas. São danos que vitimizam os usuários de redes sociais de violências virtuais. Antes de adentrar nessa modalidade específica de violência virtual, é preciso retomar o contexto do que seja violência.

Arendt (2009) compreende a violência como a ausência de diálogo em uma dimensão de poder, enquanto Freire (2013) entende que a violência se verifica na dominação do opressor da consciência do oprimido que, por sua vez, busca a liberdade.

A expressão "violência" aparece na legislação penal brasileira, a exemplo do crime de roubo na agressão física praticada pelo criminoso contra o corpo da vítima configurada no uso de arma de fogo. De modo diverso, a expressão "violência doméstica", na Lei Maria da Penha, constitui a violência física ou psicológica praticada contra a mulher nas ações perpetradas pelo marido ou companheiro.

A violência pode ainda ser entendida como qualquer meio capaz de trazer sofrimento a uma pessoa, seja pela agressão física, psicológica, por várias razões, a exemplo da orientação sexual, modo de falar e dificuldades de aprendizado. Desse modo, o relatório da Organização Mundial da Saúde (OMS) define a violência como:

> O uso intencional da força física ou do poder, real ou em ameaça, contra si próprio, contra outra pessoa, ou contra um grupo ou uma comunidade, que resulte ou tenha grande possibilidade de resultar em lesão, morte, dano psicológico, deficiência de desenvolvimento ou privação (OMS, 2002, p. 27).

Para a OMS (2002), a violência pode ser intencional pelo sujeito ao causar sofrimento e lesionar a vítima, sem ter a noção de que a ação é violenta. Essa questão se explica porque esse tipo de conduta faz parte da cultura, das crenças e dos valores de uma comunidade ou de um povo. O relatório destaca a polissemia do termo 'violência', ou seja, possui vários significados variando de acordo com os costumes e a cultura e a classifica em três modalidades: a autoinflingência (suicídio e automutilação); interpessoal (entre as pessoas de um mesmo grupo como a família) e a violência coletiva resultado de ações de grupos organizados.

Abramovay e Rua (2002), afirmam que a violência escolar pode ser tratada em três níveis: aquela que abrange o bem jurídico patrimonial, corporal e sexual; as incivilidades com a falta de respeito no trato com o outro e a violência simbólica ou institucional, quando existe a ausência de interesse dos sujeitos ocupantes do espaço escolar visualizado na ação comportamental, na insatisfação pessoal e ausência de pertencimento pela imposição escolar.

Ao resguardar os direitos da intimidade, da vida privada, da honra e da imagem, a liberdade de crença, a liberdade, a segurança e a proibição de tratamento desumano e cruel, a Constituição Federal de 1988 proibiu expressamente o uso da violência física, moral e psicológica em qualquer ambiente, inserindo-se a escola.

Caliman (2013, p. 11) explica que a violência pode ser encontrada em "sintomas de um mal estar que subsiste na sociedade". Sendo sintomático, esse desconforto pode ocorrer no meio presencial ou virtual ressaltado autor em que

> A violência escolar, que se manifesta entre os vários sujeitos, sociais e institucionais: nas relações quotidianas dentro da escola; no entorno escolar; violências na/da/contra a escola. Também em suas versões mais recentes como a violência manifesta em ambientes virtuais e comunidades virtuais ou viabilizada através de meios eletrônicos (cyberbullying, violências simbólicas e institucionais) (CALIMAN, 2013, p. 16).

Nesse compasso, as tecnologias aparecem em novos formatos de conversar com pessoas conectadas em qualquer lugar do planeta que tenha *Internet*. O problema está na maneira como se maneja essa comunicação em procedimentos difíceis de encontrar o ofensor e identificar os limites das atividades realizadas *on line*.

Arendt (2013), sublinha que a ausência de limites na educação em ambientes não formais como a família, infantiliza eternamente os adultos e que o mundo velho deve estar preparado para receber o mundo novo, e o mundo novo deve respeitar o conhecimento e a autoridade do velho mundo, sob pena de se instalar uma crise entre os dois mundos – o novo e o velho. Segundo Arendt (2013), é necessária a imposição da autoridade de quem a detém para impor limites aos jovens que não estão amadurecidos para manusear com o desconhecido, como a informação.

A autoridade, para Freire (2011), deve ser exercida pelos pais e pelos educadores, na medida em que não podem ficar neutros se possuem a percepção de transformação do mundo na possibilidade de, mediante práticas democráticas, intervirem nas relações que se sobrepõem em uma "tirania da liberdade". Essa liberdade intensificada pode ser vista no uso desmedido dos aparelhos celulares pelos jovens e adultos. São pessoas que podem ser vistas na direção ao volante e, ao mesmo tempo, conversam ao celular sem viva voz ou *bluetooth,* leem e/ou escrevem mensagens de texto no referido aparelho móvel, frequentam um restaurante ou permanecem no ambiente de trabalho plugadas nas redes virtuais, em interação com múltiplas tarefas cotidianas sem desgrudar do celular.

Na leitura abaixo do gráfico 5 do IBGE, percebe-se um aumento gradativo de 2005 a 2011, do acesso à *Internet* pelos jovens com mais de dez anos de idade. Verifica-se ainda, que em 2011, 74,1% dos jovens internautas possuíam entre 15 e 17 anos de idade, um aumento considerável se comparado com o ano de 2005, que estes adolescentes utilizaram 33,7%.

A informação de destaque dos dados aponta, que são crianças e adolescentes entre 10 a 24 anos que têm acessado a *Internet* se comparados às pessoas de idade superior a 24 anos (BRASIL, 2017).

Gráfico 4 - Acesso à *Internet* por jovens com mais de dez anos de idade (2005, 2008, 2011), em %.

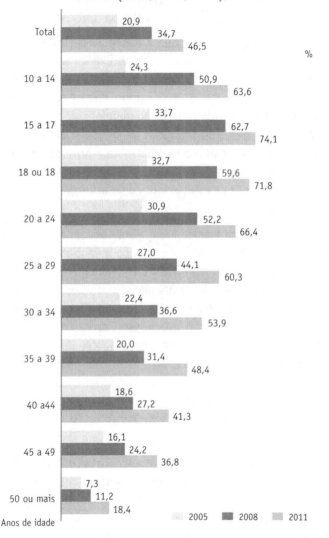

Fonte: Programa Nacional por Amostras de Domicílio Contínua (PNAD) 2011 – Instituto Brasileiro de Geografia e Estatística (IBGE), 2017.

Bauman (2010), ressalta que é uma geração eletrônica em que os jovens encontram na capacidade interativa da *Internet* a medida necessária para manterem-se informados sobre as roupas da moda, os sucessos das músicas mais ouvidas, para encontrar eventos festivos na reinvenção dos traços identitários. São facilidades do mundo *on line* que permitem múltiplas funcionalidades inconcebíveis no mundo de Arendt.

Na escola é comum os estudantes assistirem às aulas plugados no celular nas salas de bate papos virtuais, como *Facebook*, *Instagram*, *Twitter* e *E-mail*. No entanto, o problema centra-se em uma forma maléfica de comunicações entre os grupos ou comunidades, a exemplo do *WhatsApp,* que permite a nefasta prática do *bullying* virtual. Na *Internet*, podem ser encontrados depoimentos de vítimas que sofreram essa violência, a exemplo de Raíssa[2], de 13 anos:

> O meu caso se trata de um *cyberbullying*. Havia um grupo de alunos na minha sala que não gostava de mim, e foi aí que tudo começou. No começo eles provocavam na minha frente, mas eu nunca me escondi por causa disso e resolvi contar o problema aos meus pais, e, depois, para uma professora. Para resolver o caso, ela sentou comigo e com as meninas. Depois dessa conversa, as provocações na minha frente pararam, mas eu descobri que havia uma comunidade em um site de relacionamento, criada exclusivamente para me zoar! Quando vi, queria enfiar minha cabeça em um buraco e me esconder para sempre, mas não adiantaria nada se fizesse isso. Contei novamente para os meus pais e dessa vez eles foram ao colégio. Nós selecionamos todo o material que estava sendo veiculado na comunidade, que eram fotos minhas com chifres, nariz de palhaço e até mesmo com ameaças de morte (DUARTE, 2017).

Situações dessa natureza veiculadas no *site* do SaferNet, revelam que o *cyberbullying* no Brasil teve o segundo maior número

---

2. Raíssa é o nome fictício dado à adolescente desse caso.

de queixas em 2014, superado pela exposição de informações íntimas da vítima via *chat* e *e-mail*. Problemas pessoais como enfermidades e depressão, além de pornografia e aliciamento infantil *on line* são inseridas entre as reclamações no portal conforme se depreende no gráfico 6.

Gráfico 5 - Motivos das queixas em *cyberbullying* no Brasil em 2014.

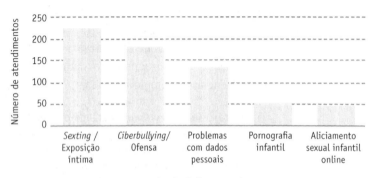

Fonte: *site* do SaferNet, 2017.

As informações da organização comprovam que os relatos das ofensas são provenientes de adultos, adolescentes, pais e educadores, via *e-mail*.

Gráfico 6 - Número de atendimentos por perfil etário em 2014.

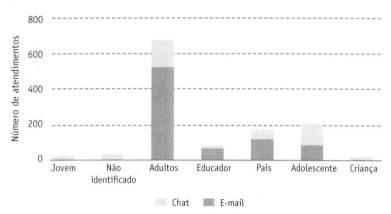

Fonte: Site do SaferNet, 2017.

Percebe-se que em todas as reclamações de 2014 no Safer-Net, as mulheres são em maior número que os homens na situação de vítimas do *cyberbullying* e as exposições de informações íntimas são as principais ofensas propagadas na *Internet*.

Gráfico 7 - Atendimentos por tópico da conversa e gênero em 2014, em número de atendimentos via *Chat*.

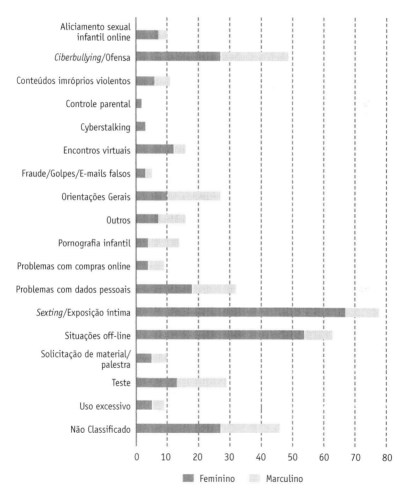

Fonte: *Site* do SaferNet, 2017.

Pela leitura dos dados, a *Internet* está sendo usada para tornar público o que é privado como fotografias postadas por terceiros ou mesmo pelo detentor da imagem, colocando a si mesmo ou outras pessoas em situação de vulnerabilidade na rede social. Para entender melhor as benesses e malefícios que a *Internet* pode propiciar, são nas redes sociais que seus membros podem publicar os próprios textos, fotografias e imagens diversas, compartilhar as informações postadas por outros, considerados 'amigos', caminhos que podem ensejar em atividades virtuais violentas.

O interessado em ser usuário do *Facebook* ou *Face,* como é conhecido, por exemplo, deve primeiramente, fazer o cadastro na plataforma. Esse momento pode ser considerado decisivo porque é um risco para o neófito virtual que pode informar inclusive, seu telefone pessoal. Após o cadastro, a plataforma disponibiliza os principais contatos do novo usuário mediante os dados informados e atualiza diariamente quais os possíveis 'amigos' podem ser adicionados em duas formas: pelo convite do próprio *Face* para adicionar mais pessoas na lista de 'amigos' e depois, ser aceito por eles; ou o inverso, a pessoa estranha convidar o novo internauta para um vínculo de amizade.

Além dos amigos, o *Facebook* também dá acesso a grupos privados de outros amigos, empresas, eventos, entre outras comunidades *on line*. A partir do primeiro acesso, o usuário estará livre para acessar as postagens dos amigos, replicar ou compartilhar quaisquer mensagens que quiser, curtir, cutucar, sugerir, criticar. Destaque-se que o *Facebook* monitora os perfis e preferências dos usuários ao consultarem *sites* de compras virtuais ou demonstrarem interesse de aquisição de bens e serviços na *Internet,* todavia não possui um instrumento eficiente que filtre e/ou exclua automaticamente, conteúdos de violência virtual

Outra questão que merece ser explicada é o aparecimento das *Lives,* ferramentas implementadas pelo *Facebook, Twitter* e *Instagram* em 2016 para os internautas transmitirem em tempo real, filmagens próprias ou de terceiros. As *Lives* são acessíveis no *Facebook* a qualquer pessoa e difere do *Snapchat*, porque neste os vídeos são postados e excluídos na plataforma, automaticamente em 24 horas, enquanto que no *Face*, somente são excluídos pelo usuário que fez a postagem.

As *Lives* constituem uma modalidade aceita por muitos membros de comunidades *on line* porque abrevia o tempo do usuário na postagem de conteúdos. Como exemplo, a hipótese da opção do internauta da postagem de 48 fotos de uma viagem, que antes da existência da *Internet*, era enviada pelo correio. Outras hipóteses dessas facilidades instantâneas de postagens: a publicação de um filme amador ou profissional e da *Live* do passeio, de minutos ou segundos, em tempo real. Ou seja, o usuário, em vez de enviar pelo correio ou publicar as fotografias na *Internet*, pode optar em filmar e postar instantaneamente as imagens e, ao mesmo tempo, interagir com os 'amigos'.

No entanto, essa prática pode implicar riscos e danos a outras pessoas, ao serem divulgadas imagens não consentidas de terceiros ou de ações violentas, ao vivo, para milhões de usuários nas redes em tempo real, na expectativa de se obter muitas curtidas e seguidores 'amigos' nas redes sociais.

Um exemplo dessa necessidade de obtenção de curtidas, foi um caso de homicídio em Minnesota, Estados Unidos, ocorrido em 26 de junho de 2017, de uma jovem de 19 anos, grávida, que a pedido de seu cônjuge, postou no *Youtube*, informações sobre o plano que intentavam executar na *web*, ao vivo, de que ela dispararia a arma, uma pistola semiautomática, *Desert Eagle* calibre 50, no corpo do esposo, vedado apenas com um livro de enciclopédia. Essa brincadeira perigosa presenciada pela filha do casal de apenas 3 anos, resultou na trágica morte do rapaz, um jovem de 22 anos, originada da intenção do casal que o vídeo viralizasse na *internet*.

Verifica-se na postagem na figura 7 abaixo, cerca de 614 curtidas e 910 retuitadas de internautas sobre esse fato que envolveria ação perigosa na rede (RUIC, 2017).

Figura 7 - Texto de mensagem postada no *Twitter*.

Fonte: RUIC, Gabriela. Disponível em: http://exame.abril.com.br/mundo/jovem-mata-namorado-com-tiro-para-video-no-youtube/.

Outro aplicativo virtual, o *Instagram*, o usuário deve ter muito cuidado antes de aderir à rede devendo ler cuidadosamente os termos e condições do aplicativo. Caso contrário, se o internauta não editar a conta no perfil especificando que as fotos são privadas, elas serão automaticamente disponíveis ao público sem ressalvas e poderão ser compartilhadas por terceiros (TOURIÑO, 2014). Dessa forma, os riscos são realidade na rede e os usuários devem se conscientizar da existência deles. Ou seja, a ausência de cautela quanto à exposição de dados pessoais e da família, facilitam as ações dos observadores da *web* que se apropriam das informações e as utilizam para fins maléficos que trazem consequências graves às vítimas.

CAPÍTULO 3

O *cyberbullying* e a teoria do interacionismo simbólico

3.1 APLICAÇÃO DA TEORIA DO INTERACIONISMO SIMBÓLICO

Antes de adentrar sobre o *cyberbullying* neste trabalho, é preciso compreender os motivos, as causas e as modalidades das condutas dos sujeitos que podem ser consideradas como contrárias às regras sociais, ou até mesmo ilícitas.

Uma das formas de entender o fenômeno do *cyberbullying* pode ser feita a partir das relações sociais, pressuposto da teoria do interacionismo simbólico, marco sociológico imprescindível para a análise dos comportamentos sociais, porque,

> Segundo o interacionismo simbólico, a sociedade – ou seja, a realidade social, é constituída por uma infinidade de interações concretas entre indivíduos,

aos quais um processo de tipificação confere um significado entre indivíduos que se afasta das situações concretas e continua a estender-se através da linguagem (BARATTA, 2011, p. 87).

O interacionismo simbólico também denominado de teoria da reação social, sustenta que as pessoas estão condicionadas reciprocamente às relações sociais, configurando como ramo da sociologia e da psicologia social (SHECAIRA, 2004).

Nos argumentos de Carvalho, Borges e Rego (2010, p. 147),

> Por esse motivo, considera-se que o interacionismo simbólico é, potencialmente, uma das abordagens mais adequadas para analisar processos de socialização e ressocialização e também para o estudo de mobilização de mudanças de opiniões, comportamentos, expectativas e exigências sociais.

Esse aporte teórico enfatiza o ponto de vista dos atores sobre o social, podendo ser "considerado uma abordagem construtivista dos fatos humanos" (SAMPAIO; SANTOS, 2011, p. 91). Reconhecendo que essa abordagem é importante para o estudo em comento, optou-se por revisar os pressupostos da teoria interacionista e seus principais precursores, como se verá nos subitens seguintes.

3.2 OS PRECURSORES INTERACIONISTAS

A teoria interacionista teve origem nos estudos de pesquisa de George Herbert Mead (1863-1931) e Charles Horton Cooley (1864-1929), ao analisarem "em nível microsocial, o processo social da formação do autoconceito, da socialização e da interação" (CALIMAN, 2008, p. 283-284). O movimento que deu origem a essa teoria surgiu nos anos de 1960, marcado por ser "um modelo estático e monolítico de análise social por uma perspectiva dinâmica e contínua de corte democrático" (SHECAIRA, 2011, p. 287).

Mead (1972) em uma perspectiva sociológica, diferenciava o "mim" do "eu". O "mim" seria o conjunto dos requerimentos da sociedade, ao passo que o "eu" seria a parte criativa da pessoa, a capacidade de alterar o social. Entretanto, há outros livros do autor, a exemplo do *"Espiritu, persona y sociedad: desde el punto de vista del conductismo social"* e *"Mind, Self, and Society"*, com ênfase de que o grupo social interferiria diretamente nos indivíduos (MEAD, 1974).

Todavia, é preciso lembrar que o estudo de interação foi feito anteriormente por Simmel (1858-1918), na obra "Questões fundamentais da sociologia", ao argumentar que a admissão da existência humana somente se perfaz em ação conjunta entre os indivíduos mediante uma interação (SIMMEL, 2006). Sob esse fundamento Simmel (2006, p. 17), direciona que "os laços de associação entre os homens são incessantemente feitos e desfeitos, para que então sejam refeitos, constituindo uma fluidez e uma pulsação que atam os indivíduos [...].

Na opção do interacionismo, Herbert Blumer (1900-1987), foi outro autor de destaque do marco teórico que mantém afinidade com a pesquisa qualitativa, com a publicação da obra em 1969, intitulada *"El Interaccionismo simbólico: perspectiva y método"*, ao afirmar que,

> Me baseio, principalmente, no pensamento de George Herbert Mead, que, mais que nenhum outro, colocou seus conhecimentos do enfoque do interacionismo simbólico, mas me senti obrigado a desenvolver meu próprio ponto de vista para abordar explicitamente muitos temas cruciais que somente estavam implícitos nas ideias de Mead e outros autores para tratar questões críticas que eles

haviam omitido (BLUMER, 1969, p. 1). (tradução nossa)

As premissas trazidas por Blumer (1969) sustentam que o interacionismo simbólico estão lastreadas no tripé: a) na orientação do ser humano em suas ações em função do significado das coisas (objetos) como percepção de mundo; b) a significação das coisas surge ou é derivada pela interação social do indivíduo com os outros indivíduos; c) na interpretação dos significados e, por ela modificados, que o indivíduo faz em relação às coisas e pessoas que mantém contato.

Blumer (1969, p. 6) explicita que a natureza da interação social ocorre em duas plataformas: a primeira, nas interações dos indivíduos dentro dos grupos, uns com os outros; e, a segunda, as atividades dos membros dos grupos ocorrem "umas em reação às outras, ou umas em reação às outras".

O conceito do objeto ou coisa, dado por Blumer (1969), é elemento crucial para o entendimento do ponto de vista do autor, que poderia ser tanto coisas físicas como árvore, cadeira; quanto, instituições sociais como: cidades, organizações e ainda os valores imbuídos no indivíduo como: honestidade e ética. Em suma, os objetos tanto podem ser externos ou do mundo exterior, quanto os internos aqueles que os sujeitos criam a partir da interpretação dos próprios objetos. É a explicação de Sosa (1999, p. 2), ao reafirmar sobre,

> *Los mundos y su interpretación son producto de la acción colectiva, de la acción social en términos comunicativos. Por eso los mundos, las reglas y las estructuras son producto del proceso social y no su causa determinante. Este proceso es evidentemente dinámico y cambiante, generando por ello de manera permanente transformaciones en las reglas y en las estructuras. La historia es así la historia de los procesos sociales, y lo que en un momento dado*

es la "objetividad" de una determinada situación o estructura social es resultado del mismo proceso interactivo.

Na teoria interacionista de Blumer (1969), o processo da exegese realizada pelo indivíduo sobre os objetos e pessoas, reflete diretamente nas ações realizadas. É dizer que antes de a pessoa agir de determinada forma, ela irá refletir sobre as consequências que poderá ter e, a partir dessa interpretação, modulará suas ações.

Sobre esta questão específica, Anítua (2008) e Caliman (2008), relatam que foi Frank Tannenbaum, professor de história da Universidade de Colúmbia em 1938, o primeiro autor que se preocupou com a aferição do que deve ou não deve ser considerado como conduta desviante.

Tannenbaum (1938), austríaco radicado nos Estados Unidos, analisou as relações da escravatura e os castigos, na obra "O crime a comunidade", e descreveu as condutas da dramatização do mau vivenciadas principalmente pelos menores de idade ao serem incluídos em processos instaurados no sistema de justiça criminal e, consequentemente, nas execuções das sanções. A delinquência, nessa obra foi ponto de destaque na análise das condutas perpetradas pelos sujeitos analisados por Tannenbaum.

Baseadas nas ideias de Tannenbaum, Edwin Lemert, em 1951, publicou a obra *"Social pathology: a systematic approach to the theory of sociopathic behavior"*, sob a perspectiva da reação social (*social reaction*), na separação de pessoas desviadas e não desviadas, sendo as primeiras, marco relevante para o interacionismo simbólico na classificação de duas categorias de desvios: o desvio primário, "ocasionado por uma variedade de motivos subjetivos e que só terá importância decisiva se a esse desvio tiver lugar, em seguida, um desvio secundário" (ANÍTUA, 2008, p. 590).

O desvio secundário categorizado por Lemert, foi aprofundado e diferido do desvio primário, em outra obra, publicada em 1967, "*Human Deviance, social problems and social control*", com o reconhecimento do que vem depois do ato inicial (desvio primário), mediante a reação social na aplicação do castigo (desvio secundário) e acarreta ao sujeito desviante o *status* de marginal (LEMERT, 1967). Ou seja, a punição do desvio primário implica em mudança de identidade social do indivíduo ora estigmatizado que será visto no seu papel social incorporado pela estigmatização (BARATTA, 2011).

3.3 A RELAÇÃO ENTRE A TEORIA INTERACIONISTA E O *LABELLING APPROUCH*

A teoria interacionista apresenta as definições sobre o sujeito que pratica o desvio e as condutas que levam ao desvio. Sob esta ótica, a identidade da marginalização é consequência da punição ou da reação social, uma interpretação subjetiva por parte da sociedade sobre os atos praticados pelo indivíduo e tidos como desviantes de condutas normais. A percepção do que é permitido e do que é proibido é diferenciado e alcança os sujeitos que devem ser punidos

> [...] entre as instâncias de controle social informais – família, escola, profissão, opinião pública, etc., - são flagrantes se comparadas ao controle social exercido pela esfera estatal (polícia, justiça, administração penitenciária (SHECAIRA, 2004, p. 291).

A trajetória percorrida pelo indivíduo ao perpassar do desvio primário para o desvio secundário é demonstrada pelos autores como uma infringência às normas construídas pelo grupo social e imposta às pessoas, partindo-se da premissa de que as regras estão corretas e devem ser cumpridas (BECKER, 2008; ANÍTUA, 2008; BARATTA, 2011).

Nessa vertente, Howard Becker, *na obra* "Outsiders: estudos da sociologia do desvio" em 1963, ao teorizar o estigma, conhecido como *labelling theory ou labelling approach*, redimensionou os estudos da criminologia e da sociologia ao mudar o foco da pessoa do criminoso para a reação da sociedade sobre o comportamento desviante ao relatar sobre os fumadores de maconha e os músicos de jazz e os efeitos decorrentes do *labell* (etiqueta), àquelas pessoas integrantes de tais grupos (BECKER, 2008).

Velho (1979, p. 23), reitera que Becker foi um importante teórico interacionista porque contribuiu para a noção de que os desviantes não existem isoladamente, em si mesmos, mas sim em: "[...] uma relação entre atores (indivíduos, grupos) que acusam outros atores de estarem consciente ou inconscientemente quebrando, com seu comportamento, limites e valores, de determinada situação sociocultural".

O etiquetamento ou a rotulação para Becker (2008) é a imposição social mediante a criação, aplicação e o cumprimento de regras que marcam os indivíduos que não as obedecem. Portanto, o desvio constitui-se com um atributo da relação social e, por conseguinte, a pessoa é tida como *outsider* quando

> uma regra é imposta, a pessoa presumivelmente a infringiu pode ser vista como um tipo especial, alguém de quem não se espera viver de acordo com as regras estipuladas pelo grupo. Essa pessoa é encarada como um outsider (BECKER, 2008, p. 15).

Os *outsiders*, estranhos, anormais, denominação dada por Becker (2008), redimensiona os termos dados aos indivíduos que violaram as regras a eles impostas. A caracterização de desviantes pelos autores tem o cuidado de evitarem o uso das antigas terminologias tais como: delinquentes, criminosos e bandidos, por terem uma alta carga valorativa e negativa destinadas àqueles que se envolveram em condutas proibidas (SHECAIRA, 2004).

Entretanto, a visão que os desviantes têm de suas ações são tidas como normais ao passo que para outras pessoas são tidas como atos ilícitos, nas lições de Caliman,

> se, para os desviantes, o vandalismo, o furto, a embriaguez, o tabaco, a maconha, "matar aulas", jogos, excitação e emoções pareçam ações não comprometedoras, para as pessoas em geral (senso comum) todas estas ações são um mal, ou, se preferirmos, um crime (CALIMAN, 2008, p. 286).

Entendimento similar de Velho (1979, p. 27), ao reafirmar que o desviante tem uma leitura divergente da cultura e dos interesses dominantes e que "ele não será sempre desviante. Existem áreas de comportamento em que agirá como qualquer cidadão normal".

Essa distinção entre os indivíduos tidos como desviantes de outras pessoas é feita por Shecaira (2004), ao separar o perfil dos jovens pela linguagem, apelidos, vestes, cabelos longos e uso de álcool e drogas. São comportamentos que os aproximam e, ao mesmo tempo, os distanciam das pessoas de um determinado grupo social, exemplificada na geração *beat*, *beatniks*, nos anos 50, nos Estados Unidos, ao estarem insatisfeitos nos papéis exercidos por seus pais na aquisição de coisas desnecessárias e ansiosos por testarem outras experiências na busca de aventuras em viagens de carona na rota 66.

Essa acepção, na teoria do interacionismo simbólico, está presente quando:

> Os outros decidem que determinada pessoa é *non grata*, perigosa, não confiável, moralmente repugnante, eles tomarão contra tal pessoa atitudes

> normalmente desagradáveis, que não seriam adotadas como qualquer um. São atitudes a demonstrar a reeleição e a humilhação nos contatos interpessoais e que trazem a pessoa estigmatizada para um controle que restringirá sua liberdade (SHECAIRA, 2004, p. 291).

A reação social é representada na atitude seletiva por parte dos empresários morais, pessoas que detêm o aparato e o controle das regras, determinados grupos de pessoas em momentos e situações diversas. São, para Becker (2008), os criadores das regras que impõem preceitos e condutas de ordem moral e criminal, resultado dos empreendedores morais, como: sistema de justiça, polícia, entre outras instituições de controle.

Em outro livro "Falando da Sociedade", Becker (2009), trata sobre as diferentes maneiras da representação social para exemplificar as possibilidades da inserção de pessoas em diferentes contextos sociais, históricos ou econômicos, face à multiplicidade de informações à disposição. A experiência pessoal, como interação social, não é mais suficiente para que as necessidades do indivíduo sejam supridas. Ou seja, conhecimentos de outras áreas do saber, relacionados às artes produzidos por outras pessoas, a exemplo de fotografias, filmes, mapas, influenciam nas ações do indivíduo que, por sua vez, têm condições de reagir e interagir de modo complexo a estes estímulos.

Por outro viés, na perspectiva criminológica, Baratta (2011, p. 88-89), argumenta que os sociólogos tradicionais elaboram questionamentos sobre as pessoas que divergem de outras, distintos dos interacionistas, entre eles:

> "quem é o criminoso?", "como se torna desviante?", "em quais condições um condenado se torna reincidente?", "com que meios de pode exercer controle sobre o criminoso?"; ao contrário, os interacionistas, como em geral os autores que

se inspiram no labeling approuch, se perguntam: "quem é definido como desviante?", "que efeito decorre desta definição sobre o indivíduo?", "em que condições este indivíduo pode se tornar objeto de uma definição?", e, enfim, "quem define quem?"

Seguindo esse entendimento, Erving Goffman, na obra, "Estigma: notas sobre a manipulação da identidade deteriorada", compartilha dos ensinamentos de Becker sobre a teoria da rotulação e exemplifica quais as pessoas que são assim consideradas: os bêbados, os loucos, os portadores de necessidades especiais como os cegos e os surdos (GOFFMAN, 2013).

No sistema de justiça criminal, o rótulo aparece explicitamente no atestado de maus antecedentes, na folha corrida criminal, nas certidões positivas em processos criminais, documentos fornecidos pelas instituições governamentais que dificultam o acesso ao trabalho digno e afasta a pessoa do convívio social (RIBEIRO; CALIMAN, 2015).

O rótulo ou estigma é para Goffman (2013a), "um atributo depreciativo" e, ao mesmo tempo, sugere "uma linguagem de relações e não de atributos", em que as reações advindas dessas relações levam o indivíduo a esconder, por exemplo, uma deficiência física ou uma doença mental. Para ilustrar melhor, o autor classifica o estigma em três espécies: o primeiro, as diferenças físicas; o segundo, situações vivenciadas pelo indivíduo como o cumprimento de pena privativa de liberdade, vícios em drogas e álcool, desemprego, distúrbio mental, orientação sexual; o terceiro, estigma de religião, raça ou nação que se estendem entre as gerações de uma mesma família.

As instituições totais denominadas por Goffman (2013b), categorizadas em várias modalidades, trazem exemplos de situações nas quais o rótulo é aparente, entre elas: lugares destinados a cuidar de pessoas inofensivas como pessoas portadoras de necessidades especiais, idosos; locais que tenham cuidados médicos para tratamento de pessoas com enfermidade graves e transmissíveis, como tuberculosos e leprosos; instituições que segregam a liberdade do indivíduo por ostentar periculosidade, por terem violado a lei.

Percebe-se que uma característica é comum a todas elas, a de que as pessoas que são colocadas nas instituições totais de Goffman (2013b) são indesejadas socialmente. Ou seja, não cabem no convívio social porque as pessoas não têm interesse de manter relações o que, por sua vez, implica em sentimento de não pertencimento pela pessoa excluída.

São indivíduos que foram alvos explícitos da lei penal no Brasil, por volta de 1890, e tidos como desclassificados urbanos, como os desempregados, as prostitutas e sujeitos que praticavam capoeiras. Alcançadas pela Lei de Contravenção Penal, Decreto-Lei n° 3.688/1941, várias pessoas foram enquadradas como contraventoras da lei, a exemplo de vadiagem, por não se manterem ocupadas em trabalho lícito, praticarem mendicância e embriaguez voluntária, esta última, podendo o contraventor ser internado em casa de custódia e tratamento (BRASIL, 1941; ZAFFARONI; BATISTA; SLOKAR, 2003).

O alvo criminalizador previsto nas normas penais, ainda persiste porque,

> na legislação brasileira essa questão aparece em vários momentos históricos como, por exemplo, na insistência do legislador em criminalizar a conduta de vadiagem e mendicância desde 1830 até 1940. Destaque-se que a mendicância ainda não foi expressamente revogada na Lei de Contravenções Penais (art. 59), e a vadiagem somente foi abolida em 2009 (RIBEIRO, 2013, p. 100).

Essa questão é retomada nos propósitos legislativos das normas infraconstitucionais e nos projetos de leis em análise, vistos adiante, em que o fenômeno do *cyberbullying* está inserido, tendo em vista que as ações praticadas, são percebidas nas normas e, por consequência, o desviante ou transgressor, visto como um criminoso que deve ser punido.

Todavia, levando-se em conta a teoria do interacionismo simbólico, o perfil e o comportamento da vítima, em muitos casos são reconhecidas como situações estigmatizantes. A *internet*, pode ser um instrumento perigoso se o usuário fornecer informações pessoais mediante a inserção de dados privados, postagens de fotos e/ou vídeos, porque as informações têm condições de serem compartilhadas para uma infinidade de pessoas. São práticas que causam repulsa social, como por exemplo, o comportamento de pessoas que postam nudes na *web* e, por consequência, implicar em situações de estigma tanto para os agressores que publicam os nudes, quanto para as vítimas.

Em ocorrências concretas de pessoas rotuladas pelo envolvimento em violências virtuais, verifica-se a presença da conexão entre a teoria interacionista e o *cyberbullying*, porque a *internet* propicia a interação social.

3.4 DEFINIÇÕES E MODALIDADES DO *CYBERBULLYING*: PONTOS DE CONTATO COM A TEORIA INTERACIONISTA

Antes da explicação sobre o *cyberbullying*, faz-se necessário apresentar o significado do *bullying*, um tipo de violência, advém do inglês *bully*, que significa valentão, embora não seja comum a tradução para o português.

Foi Dan Olweus, um pesquisador sueco, que tratou em profundidade sobre o conceito de *bullying* na obra "Bullying at School: What we know and what we can do", publicada na década de 1970, um pioneiro nos estudos do fenômeno. Atualmente, mantém um *site* http://olweus.sites.clemson.edu/history.html-com, que promove esclarecimentos sobre *bullying* e *cyberbullying*, divulga cursos e pesquisas *on line* e atua como professor desde 1969, na Universidade de Umea, na Suécia (OLWEUS, 2017).

Para Olweus (1993), o *bullying* é uma forma de violência física através da qual o agressor ou um grupo de agressores expõem uma pessoa, a suportarem ações negativas repetidas e continuadas vezes. O autor explica que estas ações podem aparecer como

> Ações negativas que podem ser realizadas por palavras (verbais), por exemplo, ameaçando, tateando, provocando e xingando. É uma ação negativa quando alguém bate, agarra, chuta, machuca ou segura o outro - pelo contato físico. Também é possível realizar ações negativas, sem uso de palavras ou contato físico, como fazer caretas nos ou gestos feios intencionalmente excluindo alguém de um grupo ou recusando a cumprir os desejos de outras pessoas (OLWEUS, 1993, p. 9) tradução nossa.

O *bullying* é classificado por Olweus (1993) em duas formas: a direta, em que o agressor ataca a vítima diretamente mediante violência física e verbal e a indireta, com o isolamento social e proposital da vítima de um grupo. Foi a partir dos estudos de Olweus, que o *bullying* tomou a dimensão e o interesses de outros pesquisadores, como Berntsson e Vallejo (2015, p. 174) ao explicarem que o *bullying* "representa aquelas ações e palavras que têm por objetivo ridicularizar ou fazer mal a alguém". (tradução nossa)

Diferencia-se do *cyberbullying* porque enquanto no *bullying* a agressão é presencial, no *cyberbullying*, o agressor faz uso de um meio eletrônico, utilizando-se das tecnologias de informação e comunicação (TIC's), definido como "um conjunto de comportamentos e atitudes agressivas que ocorre por meio da TIC's, podendo ser perpetrados por um grupo ou por um indivíduo contra outros grupos ou indivíduos" (WENDT; WEBER, 2014, p. 42).

No *bullying*, a assimetria de poder é aparente na ausência das habilidades da vítima em se defender das ações agressivas, as quais está exposta enquanto no *cyberbullying*, o anonimato aumenta o poder do agressor (LIMA, 2011; BLAYA, 2013). O *cyberbullying* ocorre entre pares na forma de maus-tratos verbais como uma forma de violência presencial mediante xingamentos, ironias, insultos, deboche; ou relacional quando há ameaças e acusações injustas, entre outras situações concretas (LISBOA; HORTA; ALMEIDA, 2014).

Seixas, Fernandes e Morais (2016), criticam a presença mais comuns dos três elementos presentes no *bullying* e do *cyberbullying*, apontados pelos autores: intencionalidade, repetição e desequilíbrio do poder, ao mencionarem que na *Internet*, porque nem sempre se pode afirmar que as agressões ocorrem entre os pares já que podem ser cometidas por pessoas anônimas. Dessa forma, os autores definem o *cyberbullying* como "o uso indevido das tecnologias digitais para, deliberada e repetidamente, agir de forma hostil com o intuito de causar dano a outro (s)" (SEIXAS; FERNANDES; MORAIS, 2016, p. 36).

Shariff (2011, p. 59) contraria o ponto de vista de Seixas, Fernandes e Morais (2016) ao afimar que o *cyberbullying* ocorre entre os pares pela dificuldade de se verificar quem são os usuários que estão postando as mensagens na rede porque

> compreende o bullying dissimulado e psicológico, transmitido por meios eletrônicos como telefones celulares, blogs e sites da internet, salas de chat, ambientes MUD[3] (domínios que permitem a participação simultânea de vários indivíduos, e onde cada participante assume o papel de um personagem) e

---

3. *Multi User Domain* (MUD).

Xangas (perfis pessoais na internet onde os adolescentes criam listas de pessoas de quem eles não gostam).

Em pesquisas realizadas com 360 estudantes na Suécia, Slonje; Smith (2008), relatam sobre os diferentes tipos de *cyberbullying* e as variações de percepção dos participantes a respeito do fenômeno, se comparados ao *bullying* tradicional. Nesse estudo, constatou-se que os estudantes sentiram muito mais intimidados com videoclipes publicados na *internet*. Os autores afirmam que o conceito do *bullying* foi ampliado incluindo-se agressão indireta, praticada por terceiros na propagação de histórias inverídicas, agressão social e/ou exclusão social; a agressão relacional (para danificar as relações entre pares), a agressão social semelhante (para prejudicar a autoestima e/ou *status* social). Por seu turno, *o cyberbullying* configura-se na "agressão ocorre através de dispositivos tecnológicos modernos, e especificamente telefones celulares ou a *internet*" (SLONJE; SMITH, 2008, p. 147).

Olweus (2012), no artigo intitulado "Cyberbullying: An overrated phenomenon?", relata, a partir de pesquisas realizadas na Noruega e nos Estados Unidos, que a mídia é responsável em tornarem públicas informações sobre um aumento de vítimas do *cyberbullying* ou *bullying* cibernético ou eletrônico.

Olweus (2012, p. 521), diferencia o *bullying* em que "um aluno é provocado repetidamente de maneira cruel e prejudicial. Mas não chamamos de bullying quando a provocação é feita de maneira amigável e brincalhona" e enfatiza equívocos de pesquisas que investigam o fenômeno do *cyberbullying* isolado do *bullying*.

O recorte das pesquisas de Olweus servem de alerta para que o pesquisador seja cauteloso em achados de dados encontrados na pesquisa de campo ao asseverar que o *cyberbullying* é um formato diferenciado do *bullying* praticado na *Internet*, com um sofrimento psicológico acentuado quando a vítima apenas sofre de ações provenientes do *cyberbullying*. De modo diverso, o autor reitera que os estudantes que são vítimas de *bullying* e *cyberbullying*, a adição do *cyberbullying na* situação concreta não aumenta de modo acentuado a intimidação e a angústia.

Portanto, levando-se em consideração essa diferença, a UNESCO distingue o *bullying* e o *cyberbullying*, da seguinte forma:

> O bullying pode ser direto, como quando uma criança exige o dinheiro ou as coisas de outra criança, ou indireto, quando um grupo de alunos espalha boatos sobre outro. O cyberbullying é uma forma de assédio que ocorre por e-mail, celular, mensagens de texto ou sites difamatórios. Crianças podem ser mais vulneráveis ao bullying quando convivem com deficiências, expressam uma preferência sexual diferente da norma, ou vêm de uma minoria étnica ou cultural, ou de um determinado meio socioeconômico. Tanto agressores quanto suas vítimas terminam por ter dificuldades interpessoais e queda no rendimento escolar (UNESCO, 2013, p. 13).

As diversas modalidades de *cyberbullying* são apontadas por Li (2006), quais sejam: assédio, cibercriminação, aviltamento da imagem, práticas de fraude e exclusão e, em casos graves, ameaças de perseguição e morte. Ao contrário do *bullying* presencial, as pessoas geralmente sentem que o ciberespaço é impessoal porque não há contato presencial, exemplificado no caso real de um menino nos Estados Unidos que editou a imagem do rosto de uma colega de escola em uma fotografia pornográfica e enviou para uma lista de contatos no *e-mail*.

No Brasil, o Conselho Nacional de Justiça (CNJ) apresenta exemplos de ambas as modalidades, *bullying* e *cyberbullying*, quais sejam:

> Verbal (insultar, ofender, falar mal, colocar apelidos pejorativos, "zoar"); Física e material (bater,

empurrar, beliscar, roubar, furtar ou destruir pertences da vítima); Psicológica e moral (humilhar, excluir, discriminar, chantagear, intimidar, difamar); Sexual (abusar, violentar, assediar, insinuar); Virtual ou *Cyberbullying* (*bullying* realizado por meio de ferramentas tecnológicas: celulares, filmadoras, internet etc.) (CNJ, 2010).

Em caráter ilustrativo, como se lê na figura 8, a Cartilha do SaferNet explica o *cyberbullying* a partir de perguntas sobre o seu significado, como, onde e por que ocorre, diferenças das brincadeiras, com especial destaque para a mediação e o diálogo em situações que envolvam agressões na *internet*.

Figura 8 - Significado de *Cyberbullying*.

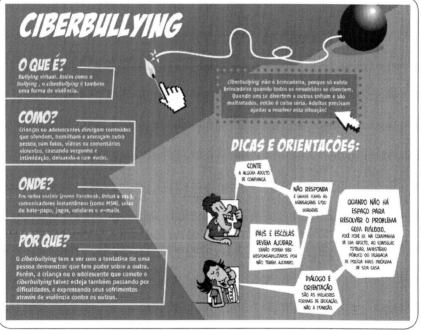

Fonte: Cartilha da SaferNet, 2012, p. 10.

A tênue distância entre a agressão e a brincadeira inclui o consentimento do outro como essencial, situação visível no *bullying* em que o agressor, pela compleição física, pelo tom da voz, postura corporal, em ações impostas, sistemáticas e contínuas, causa danos à vítima face à posição de vulnerabilidade. Hunter (2012, p. 7), descreve que

> Passar da brincadeira para bullying é muito fácil. Às vezes, simples comentários sobre a aparência, o corpo ou até mesmo o time de futebol preferido de alguém podem ofender. Ao se dar conta que está postando piadas ou comentários online sobre alguém, pense em como essa pessoa vai se sentir. Ela pode não encarar como uma brincadeira e pensar que você teve a intenção de ofender, o que passa a ser considerado bullying.

A assunção da brincadeira por ser de difícil configuração passa, por vezes, imperceptível aos professores e aos responsáveis pelos estudantes. Isso se explica pela linguagem e gestos praticados pelos jovens externados por um vocabulário próprio onde quer que eles se encontrem. No entanto, a partir do momento que esse comportamento passa para uma atitude autoritária e hostil capaz de ser insuportável pelos colegas, perfaz-se o *cyberbullying* (ARAÚJO, 2017).

Feitas as considerações sobre o *bullying* e o *cyberbullying*, verifica-se que existem várias definições do *cyberbullying* em moldes variados, a depender do autor.

No intuito de esclarecer as modalidades de *cyberbullying*, sem a intenção de exauri-las, opta-se pelos ensinamentos dos formatos do fenômeno de Blaya (2013); Lima (2011); Seixas, Fernandes, Morais (2016); Shariff (2009), quais sejam:

    a) Mensagens inflamadas ou provocações incendiárias (*flaming*): são diálogos virtuais de membros em grupos públicos ou entre a vítima e o agressor em privado que, inicialmente são amistosos e, aos poucos ou abruptamente, tornam-se rudes, agressivos, com mensagens permeadas de raiva e insultos;

b) Assédio (*harassment*): envio repetido de mensagens por remetente conhecido ou anônimo, que objetivam incomodar e aborrecer o destinatário mediante ameaças iradas e cruéis;

c) Perseguição (*cyberstalking*): perseguição virtual, realizada pelo agressor que envia mensagens intimidatórias à vítima atemorizada pela vigilância constante. Geralmente, ocorre quando a pessoa que recebe as mensagens é diferenciada das demais pela aparência física, prestígio, distinção na escola por ser um excelente atleta, por exemplo.

d) Videolinchamento (*happy slapping*): consiste na agressão física da vítima que é filmada ou fotografada pelos agressores por celulares ou outras mídias eletrônicas e publicadas na *Internet* em redes sociais ou no *Youtube*. A vítima fica vulnerável devido à violência física presencial e virtual, na disseminação das imagens, a exemplo da humilhação sexual sofrida por Pierre por seus colegas de escola, no constrangimento de um *bifflage* (junção das palavras francesas 'pênis' e 'bofetada'), citado por Blaya (2013, p. 60),

> Pierre é interno de um liceu. Antes das férias de Todos os Santos, e vítima de '*bifflage*', ou seja, um dos seus colegas esbofeteia-o com o sexo enquanto outros dois filmam a cena. As imagens foram difundidas pelos telemóveis dos alunos do liceu.

e) Exposição (*outing*): são divulgações de informações da vida privada da vítima que resguarda sua honra e imagem, como por exemplo: orientação sexual, relacionamentos anteriores, enfermidades, entre outras.

f) Difamação (*denigration*): ocorre com a postagem de mensagens com o objetivo de destruir a reputação da vítima.

g) Envergonhamento das cabras (*slut shaming*): é uma modalidade de *cyberbullying* sexista, por jovens e adolescentes mulheres que incitam o desprezo e a estigmatização daquelas que não se enquadram nos padrões de cuidado, beleza e respeitabilidade entre o grupo.

h) Personificação (*impersonation*) ou usurpação de identidade: trata-se de acesso não autorizado à conta virtual da vítima e divulgação das informações de foro íntimo desta para comunidades virtuais, mediante a descoberta de sua senha *(password)*, pelo agressor. O caso de Ana, caso simulado por Seixas, Fernandes, Morais (2016, p. 38), exemplifica essa modalidade de *cyberbullying:*

> Imaginemos uma jovem, a Ana, que, observando atentamente outra colega, a Inês, quando esta acede à sua conta pessoal, descobre a sua *password*. Ao encontrar-se sozinha, a Ana entra na conta pessoal da Inês e envia uma ou várias mensagens desagradáveis ou maldosas ao namorado da Inês, fazendo-se passar por ela, situações estas que causam sérios problemas à Inês.

i) Exclusão (*exclusion*): ocorre com a exclusão ou bloqueio não autorizado de membro em grupos *on line*. Ocorre quando o administrador de um grupo de *WhatsApp* que possui a função de coordenar o ingresso, a saída e o bloqueio de seus membros e o faz com a intenção de marginalizar a pessoa. Também acontece pela exclusão indireta ou parcial pelos demais membros ao fornecerem dolosamente informações equivocadas ou incompletas induzindo o membro a não se sentir pertencido ao grupo de forma cruel.

j) Linchamento virtual: Os agressores escolhem a vítima vulnerável no grupo *on line*, pelas condições físicas, orientação sexual, pertencimento étnico ou religioso e, a partir disso usa as informações a respeito da vítima para que esta se sinta desacreditada, humilhada e excluída do grupo. O descrédito da vítima é feito por vários membros do grupo, através do envio de mensagens hostis, postadas em *blogs* ou em grupos *on line*.

l) Perturbação virtual (*trollage*): a expressão *trollage* "vem do inglês '*trolling*' que significa pesca à colher. É preciso deixar correr a linha para que o peixe morda o anzol" (BLAYA, 2013, p. 68). É o oposto do linchamento virtual porque neste, apenas um membro envia mensagens deliberadas para perturbar, causar polêmica no grupo ou se divertir, mediante provocações e insinuações de temas polêmicos.

Em resumo: tanto o *bullying* quanto o *cyberbullying* exigem comportamentos agressivos, intencionais de causarem o mal a alguém, sistemáticos, e em situação de desigualdade entre os envolvidos.

No *cyberbullying* entretanto, verifica-se que: a) os comportamentos agressivos são assíncronos e indiretos; b) a desigualdade de poder decorre da habilidade técnica e do anonimato do agressor na rede; c) ausência de indicadores verbais explícitos face à prática diferenciada da linguagem; d) exige perícia tecnológica; ser uma violência de difícil contenção devido à infinitude das publicações e replicações das postagens na rede; complexidade e variedade de comportamento dos observadores como passivos ou ativos nas mensagens em replicações, *likes* (curtidas favoráveis), comentários favoráveis e desfavoráveis; descontrole dos observadores (anonimato); caráter permanente das agressões (SEIXAS; FERNANDES; MORAIS, 2016).

3.5 A PRESENÇA DA ROTULAÇÃO NAS CONSEQUÊN-CIAS ADVINDAS DO *CYBERBULLYING* NA ESCOLA

Estudos realizados por Olweus (1993) apontam que a violência advinda de práticas do *cyberbullying* traz várias consequências que implicam alteração do rendimento escolar dos estudantes. Entre elas podem ser citadas: isolamento dos colegas da escola, ausências às aulas, automutilação, dores de cabeça (enxaqueca), depressão, dificuldade de concentração, ansiedade, tristeza, medo, apresentação de sintomas de nervosismo ao ter que ir à escola, insônia, pesadelos frequentes, baixa alta estima (SANTANA, 2011; ROCHA, 2012; SEIXAS, FERNANDES, MORAIS, 2016).

Hunter (2012) afirma que a vítima tem dificuldades de encontrar a solução e, por essa razão a agressão torna-se insuportável ao ponto de suicidar-se, como explica que "a pior característica do *cyberbullying* é a dificuldade de encontrar uma saída. Vivemos em uma sociedade do 'sempre conectado'. Sempre levamos o celular ou temos sempre um computador por perto [...]" (HUNTER, 2012, p. 33).

Lima (2011) enfatiza que as consequências são danosas e podem ocorrer em vários níveis, caracterizadas pelo estresse, e as classificam na seguinte ordem: a) físicas (dores no corpo, náuseas, inapetência, tonturas); b) psicossomáticas (aumento ou redução de peso, bulimia, anorexia, gastrite); mental (psicose, depressão, pensamentos suicidas e suicídio, modificação de humor, ansiedade).

São questões graves que atrapalham e impedem que o estudante possa obter bons resultados nas avaliações e no aprendizado, transformando em movimento cíclico, porque quanto pior o rendimento escolar, maiores são as chances de vulnerabilidade social.

As violências geradas pelo *cyberbullying* podem reproduzir outras violências. A presença do rótulo na vida de uma pessoa, nesse caso, é a consequência derivada de uma violência virtual. Relatos de mulheres que não autorizaram ser fotografadas e/ou filmadas em relações sexuais com os parceiros são exemplos de rotulação, quando, por vingança, as imagens são postadas na *web*. A vergonha e medo da repulsa social de serem rotuladas como mulheres fáceis ou que devam se envergonhar de suas ações podem acarretar consequências muito graves.

O Safernet, em 2016, revela que 300 pessoas tiveram imagens de nude publicadas na *Internet*, entre elas, 202 eram mulheres (SAFERNET, 2016). O relato de Luisa (nome fictício) é um exemplo do preconceito que a vítima sofreu:

> Toda vez que eu saio na rua, acho que qualquer pessoa que me olha está pensando: 'eu sei o que você fez'. Eu mal consigo sair da minha cama de manhã, me sinto angustiada, triste, deprimida. Me sinto horrível e não vejo mais esperança para nada. Porque eu sou culpada por tudo isso, eu não posso escapar das consequências.

A autoculpabilização da vítima gera baixa estima, tristeza e se constituem como vetores de ocorrências estigmatizantes sentidas na censura e julgamento social. Na escola, o rótulo das estudantes que têm os nudes replicados em redes sociais é gravíssimo. Por se tornarem alvo de chacotas nos grupos da escola, perdem o interesse pelos estudos. O transtorno gerado pela objetificação da mulher nos comentários maldosos em contatos presenciais e nos grupos *on line* é um troféu para o agressor. São virtudes machistas que Gomes (2015, p. 24) assinala que o homem, na condição de agressor "[...] sai como conquistador e ela como vulgar, imprópria para um relacionamento sério".

O receio de que os nudes cheguem até o conhecimento da família pode levar a pessoa até ao suicídio, fato relatado pelo pai de uma vítima, uma adolescente de 15 anos, residente em Mato Grosso do Sul,

> Ele disse que dois meses antes da jovem morrer ela perguntou a ele se o pai a achava vagabunda. Foi então que ela comentou que o rapaz teria contado para a pequena cidade que tinha mantido relações sexuais com ela. Naquele momento, no entanto, a jovem ainda não havia falado sobre as nudes que se espalharam na *web*. (BLASTINGNEWS, 2018).

O receio de sofrer preconceito é tanto que o suicídio é a única solução encontrada pelas vítimas. Configuram, portanto, como consequências nefastas e prejudiciais para as vítimas e traumas dolorosos para seus familiares.

CAPÍTULO 4

Políticas públicas

> [...] o papel da análise de Política é encontrar problemas onde soluções podem ser tentadas, ou seja, "o analista deve ser capaz de redefinir problemas de uma forma que torne possível alguma melhoria" (Wildavsky, 1979, p. 17).

4.1 AS POLÍTICAS PÚBLICAS RELACIONADAS AO *CYBERBULLYING*

Falar sobre políticas públicas requer um entendimento preliminar de seu significado. Souza (2006), em um artigo publicado na revista Sociologias em Porto Alegre, explica que enquanto área do conhecimento, as políticas públicas nasceram nos Estados Unidos, em 1948, introduzidas por Robert MacNamara, para enfrentar as consequências da Guerra Fria. A autora esclarece que não existe uma única definição para políticas públicas, mas resume como

> O campo do conhecimento que busca, ao mesmo tempo, "colocar o governo em ação" e/ou analisar essa ação (variável independente) e, quando

necessário, propor mudanças no rumo ou curso das ações (variável dependente). A formulação de políticas públicas constitui-se no estágio em que os governos democráticos traduzem seus propósitos e plataformas eleitorais em programas e ações que produzirão resultados ou mudanças no mundo real (SOUZA, 2006, p. 26).

Rua (2009) traça os conceitos básicos de políticas públicas e analisa criticamente a formação das agendas para a formulação das políticas, a implementação, avaliação e monitoramento das políticas públicas no Brasil. Segundo a autora, a execução das políticas é mais complicada que a formulação delas, porque os atores envolvidos, muitas vezes, são nomeados para assumirem cargos de confiança pelos governantes e podem suspender, interromper ou não concretizar programas ou projetos que não tenham visibilidade política.

As críticas sobre as políticas feitas por Rua (2009), se tomadas para análise das políticas públicas formuladas para o combate do *cyberbullying* são coerentes, porque as instituições no plano internacional, nacional, regional e local, são independentes ou não se comunicam. Ou seja, políticas públicas bem planejadas por um organismo internacional, não são aproveitadas pelos governos, porque não são demandadas socialmente ou ficam emaranhadas na burocracia institucional.

Para que o leitor entenda como as políticas públicas relacionadas ao *cyberbullying* funcionam, em um primeiro momento, foram analisadas as normas internacionais que possuem regras direcionadas às práticas de violência no ambiente *on line*. Posteriormente, abordou-se as normas constitucionais e infraconstitucionais, sobre o fenômeno para, em seguida, sugerir-se medidas que possam alavancar a implementação das políticas públicas preventivas educacionais no Estado do Tocantins, se existentes, ou recomendar a criação e/ou a promoção se acaso forem inexistentes.

Importante destacar que este estudo está centrado no âmbito das escolas, em função da existência de outras perspectivas de análise das políticas públicas sobre o *cyberbullying*, como a psicológica, a jurídica, a social, entre outras. Portanto, apesar de a autora elencar marcos legais, eles têm estreita ligação com a abordagem no âmbito educacional.

4.2 O QUE PREVEEM AS NORMAS INTERNACIONAIS

As normas internacionais preveem, de forma geral, questões relacionadas a direitos e garantias que envolvem crianças e adolescentes. A Convenção da Organizações das Nações Unidas (ONU) sobre os Direitos da Criança, adotada pela Resolução L. 44 (XLUV) da Assembleia Geral da ONU, aprovada em 20 de novembro de 1989, ratificada pelo Brasil mediante a implementação do Decreto n °. 99.710 de 21 de setembro de 1990 e pelo Congresso Nacional brasileiro em 14 de setembro de 1990, pelo Decreto Legislativo 28, reconhece como criança, pessoa até 18 anos de idade salvo se, em conformidade com a lei aplicável, possa a maioridade ser alcançada antes (UNICEF, 2017).

Gomes e Mazzuoli (2013) afirmam que a Convenção sobre os Direitos da Criança teve complemento em dois protocolos ratificados pelo Brasil, quais sejam: Protocolo Facultativo sobre os Direitos da Criança Referente à Venda de Crianças, à Prostituição Infantil e à Pornografia Infantil e ao Protocolo Facultativo à Convenção sobre os Direitos da Criança Relativo ao Envolvimento de Crianças em Conflitos Armados, finalizados em 25 de maio de 2000 e promulgados através dos Decretos Presidenciais 5006 e 5507, de março de 2004.

Para essas normas, a criança deve ter a honra, reputação e a privacidade da vida pessoal preservada (GOMES; MAZZUOLI, 2013). A norma teve como diretrizes os valores contidos na Declaração Internacional dos Direitos da Criança, aprovada em 20 de novembro de 1959, ao estabelecer dez princípios base, entre eles: direito à igualdade sem distinção de raça, religião ou nacionalidade; ao desenvolvimento físico e mental saudável, tratamento preferencial de socorro em catástrofes, à educação, proteção contra o abandono e à exploração no trabalho e ao crescimento no espírito de solidariedade, compreensão, amizade e justiça entre os povos.

A X Cúpula Iberoamericana de Chefes de Estado e de Governo – Declaração do Panamá – denominada - Unidos Pela Infância e Adolescência, Base da Justiça e da Equidade no Novo Milênio, realizada na Cidade do Panamá, República do Panamá, nos dias 17 e 18 de novembro de 2000, elaborou a declaração em que destaca várias diretrizes de políticas públicas e reconhece as vulnerabilidades das crianças e adolescentes, *verbis*:

> [...] é preciso salientar que a população infantil e adolescente constitui uma faixa etária que, pela sua própria natureza, é particularmente afetada pelos fatores socioeconômicos negativos, sobre os quais é necessário atuar com firmeza, a fim de evitar ou reduzir de modo sensível os efeitos perturbadores do enfraquecimento dos laços sociofamiliares, causa de situações irregulares, tais como o abandono familiar, a paternidade irresponsável e os conflitos da lei.

No item 8 da Declaração, ressalta-se a importância das crianças e adolescentes como sujeitos de direitos na sociedade e a importância do papel regulador do Estado na elaboração das políticas públicas frente ao mundo globalizado. Essa declaração menciona que o ano 2000, data da celebração do Ano Internacional da Cultura de Paz, reafirmou-se o compromisso de, em ações conjuntas ou individuais, serem desenvolvidas medidas destinadas a coibir e/ou prevenir a violência nas aplicações de programas educativos nas escolas para a paz e a tolerância mediante campanhas de conscientização e cooperação dos meios de comunicação social (UNICEF, 2017).

A Convenção Americana sobre Direitos Humanos – Pacto de San José da Costa Rica, ratificada pelo Brasil em 06 de novembro de 1992, pelo Decreto 678, enumera, no art. 19, que as medidas de proteção são direitos da criança e devem ser amparadas como condição por parte da família, da sociedade e do Estado.

A Declaração Universal dos Direitos Humanos, proclamada na Assembleia Geral das Nações Unidas, via resolução n. 217 A (III), ratificada pelo Brasil, prevê sobre a dignidade da pessoa humana, o direito à vida, à liberdade, à justiça social e à paz mundial. O artigo 25 da referida Declaração, estabelece direitos ao ser humano, com ênfase a "um padrão de vida capaz de assegurar a si e a sua família saúde e bem-estar, inclusive alimentação, vestuário, habitação, cuidados médicos e os serviços sociais indispensáveis [...]". O documento enfatiza a importância da educação pela instrução, especificando que

> 1. Todo ser humano tem direito à instrução. A instrução será gratuita, pelo menos nos graus elementares e fundamentais. A instrução elementar será obrigatória. A instrução técnico-profissional será acessível a todos, bem como a instrução superior, está baseada no mérito.
>
> 2. A instrução será orientada no sentido do pleno desenvolvimento da personalidade humana e do fortalecimento do respeito pelos direitos humanos e pelas liberdades fundamentais. A instrução promoverá a compreensão, a tolerância e a amizade entre todas as nações e grupos raciais ou religiosos, e coadjuvará as atividades das Nações Unidas em prol da manutenção da paz.

Os direitos humanos estão relacionados aos valores inerentes ao ser humano, incorporados e reconhecidos pelos instrumentos legais internacionais. São direitos fundamentais, positivados pelas leis, para que possam ter efetividade e segurança aos cidadãos (COMPARATO, 2010). São valores que se relacionam diretamente na formação dos jovens e adolescentes, que devem ser difundidos e respeitados entre todos os atores escolares.

Com efeito, o acesso ao conhecimento está incluído como direito essencial ao ser humano com previsão nas normas internacionais das quais o Brasil é signatário, em que a educação em Direitos Humanos tem como finalidade promover a educação para a mudança e a transformação social (GUERRA, 2013, p. 326).

4.3 O QUE PREVEEM AS NORMAS CONSTITUCIONAIS E INFRACONSTITUCIONAIS BRASILEIRAS

Neste tópico serão indicadas as principais normas constitucionais e infraconstitucionais que possuem relação com o *cyberbullying*. A Constituição Federal de 1988, art. 5º. inciso X, dispõe sobre a inviolabilidade da intimidade, da vida privada, da honra e imagem das pessoas assegurando o direito à indenização pelo dano material ou moral decorrente de ações que violem tais direitos (BRASIL, 1988). O art. 227, da mesma norma constitucional, prevê que é,

> dever da família, da sociedade e do Estado assegurar à criança, ao adolescente e ao jovem, com absoluta prioridade, o direito à vida, à saúde, à alimentação, à educação, ao lazer, à profissionalização, à cultura, à dignidade, ao respeito, à liberdade e à convivência familiar e comunitária, além de colocá-los a salvo de toda forma de negligência, discriminação, exploração, violência, crueldade e opressão (BRASIL, 1988).

Percebe-se que o texto constitucional valoriza a dignidade da pessoa humana, princípio encontrado nos direitos e garantias fundamentais da Carta Magna, orientados pelos textos internacionais, a exemplo do art. 227, que prevê sobre a punição do abuso, da violência e da exploração sexual da criança e do adolescente. A Emenda Constitucional nº 65, de 2010, da Carta Suprema, prevê ainda a criação do Estatuto da Juventude, marco legal impactante em agressões sofridas pelos adolescentes brasileiros.

O Estatuto da Criança e Adolescente (ECA), Lei n°. 8069, de 13 de julho de 1990, ratifica o princípio da dignidade humana, ao tipificar nos arts. 240, 241 e 241-A a 214-C, como crimes, ações que violem a honra, a dignidade sexual e a pornografia infantil, alíneas inseridas pela Lei n°. 11.829, de 25 de novembro de 2008 (BRASIL, 2008). O art. 240 objeta combater a produção, reprodução, direção, fotografia, filmagem, ou registro por qualquer outro meio cenas de sexo explícito ou pornográfica reais ou simuladas, que envolvam crianças e/ou adolescentes (BRASIL, 1990).

Todavia, é no art. 241 e seus desdobramentos nos arts. 241-A, 241-B, 241-C e 241-C que o legislador enquadrou várias outras condutas que configuram como infrações penais, tais como: armazenamento, troca, disponibilização, transmissão, distribuição, publicação ou divulgação por qualquer meio de fotografias, vídeos ou qualquer outro registro que contenham cenas de sexo explícito ou pornográfico que envolvam crianças e/ou adolescentes (art. 241-A, BRASIL,1990); as condutas de aquisição, armazenamento por qualquer meio, de fotografias, vídeos ou qualquer outro registro que contenham cenas de sexo explícito ou pornográfico que envolvam crianças e/ou adolescentes (art. 241-B, BRASIL,1990); a simulação da participação de criança ou adolescente em cena de sexo explícito ou pornográfico por qualquer meio de adulteração, montagem ou modificação de fotografia, vídeo ou qualquer outra forma de representação visual (art. 241-C, BRASIL,1990).

O art. 241-E define o significado da expressão, 'cena de sexo explícito ou pornográfica', como sendo "qualquer situação que envolva criança ou adolescente em atividades sexuais explícitas, reais ou simuladas, ou exibição dos órgãos genitais de uma criança ou adolescente para fins primordialmente sexuais" (BRASIL, 1990).

A Lei n° 13.431/2017, em vigor desde 5 de abril de 2018, alterou alguns dispositivos do ECA quando a criança ou adolescente for vítima de violência, e determina que o Poder Público implante as medidas nela previstas no prazo de 60 dias, a contar de sua vigência. Eis o teor do art.1º:

> Esta lei normatiza e organiza o sistema de garantia de direitos da criança e do adolescente vítima ou testemunha de violência, cria mecanismos para prevenir e coibir a violência, nos termos do art. 227 da Constituição Federal, da Convenção sobre os Direitos da Criança e seus protocolos adicionais, da Resolução nº 20/2005 do Conselho Econômico e Social das Nações Unidas e de outros diplomas internacionais, e estabelece medidas de assistência e proteção à criança e ao adolescente em situação de violência (BRASIL, 2017).

Essa norma legal, concebe a violência como:

> I - violência física, entendida como a ação infligida à criança ou ao adolescente que ofenda sua integridade ou saúde corporal ou que lhe cause sofrimento físico;
>
> II - violência psicológica:
>
> a) qualquer conduta de discriminação, depreciação ou desrespeito em relação à criança ou ao adolescente mediante ameaça, constrangimento, humilhação, manipulação, isolamento, agressão verbal

e xingamento, ridicularização, indiferença, exploração ou intimidação sistemática *(bullying)* que possa comprometer seu desenvolvimento psíquico ou emocional;

b) o ato de alienação parental, assim entendido como a interferência na formação psicológica da criança ou do adolescente, promovida ou induzida por um dos genitores, pelos avós ou por quem os tenha sob sua autoridade, guarda ou vigilância, que leve ao repúdio de genitor ou que cause prejuízo ao estabelecimento ou à manutenção de vínculo com este; [...]

IV - violência institucional, entendida como a praticada por instituição pública ou conveniada, inclusive quando gerar revitimização (BRASIL, 2017).

O *bullying* aparece como uma modalidade de violência psicológica, diferenciando-se da violência física em que a lei não a reconhece expressamente como *bullying* e, sequer, prevê a incidência do *cyberbullying*. Entretanto, interpretando-se essa lei em conjunto com a Lei n°. 13.185/2015, percebe-se a possibilidade de integração entre as esferas governamentais em atendimento às diretrizes da nova norma, pela necessidade da promoção de ações articuladas e coordenadas entre os sistemas de justiça, segurança pública, assistência social, saúde e educação para acolhimento de pessoas vítimas de violência (BRASIL, 2015; BRASIL, 2017).

Outra norma infraconstitucional importante é a previsão "dos crimes contra a honra", do Código Penal brasileiro, Decreto-Lei n°. 2.848, de 7 de dezembro de 1940, ao preconizar como crimes as condutas dos arts. 138, 139 e 140, calúnia, injúria e difamação. Registre-se que o art. 146 do mesmo estatuto repressivo penal trata sobre o constrangimento ilegal à pessoa "a não fazer o que a lei permite ou deixar de fazer o que não manda, sob violência". Tais crimes estão em vigor e são aplicados às pessoas jovens com idade igual ou superior a 18 anos que praticarem as condutas neles previstas (BRASIL, 1940).

A Lei de Contravenção Penal (LCP), Decreto-Lei nº. 3.688, de 3 de outubro de 1941, por outro lado, prevê no art. 65, a infração penal de perturbação da tranquilidade, que consiste em molestar ou perturbar a vítima, na perseguição presencial por acinte ou motivo reprovável. Esta mesma norma é utilizada pelos tribunais para condenar o agressor em condutas similares praticadas na *Internet* (BRASIL, 1941). Como exemplo, a figura do *stalking*, que nas lições de Brant (2013, n.p.), ocorre

> por meio da *Internet*, caracterizando-se o que se chama de *cyberstalking*, com o envio de mensagens eletrônicas, recados, convites insistentes ou ofensas nas redes sociais. Em casos extremos, o *stalking* envolve a intimidação explícita da vítima com ameaças e ações violentas, como, por exemplo, ofensa ao patrimônio e até a integridade física. Muito comum a ocorrência do *stalking* no caso de rompimento de um relacionamento amoroso em que o homem ou mulher irresignados, e movidos por sentimento de perda que transborda para o ódio, "patologia do apego", promovem uma perseguição infernal ao ex. (BRANT, 2013, *on line*).

Essa modalidade de violência *on line* aterroriza e expulsa o usuário de suas redes sociais ao saber que é constantemente espionado pelo intruso virtual, assim como no modo presencial de

> Uma forma de violência na qual o sujeito ativo invade a esfera de privacidade da vítima, repetindo incessantemente a mesma ação por maneiras e atos variados, empregando táticas e meios diversos: ligações nos telefones celular, residencial ou comercial, mensagens amorosas, telegramas, ramalhetes de flores, presentes não solicitados, assinaturas de

revistas indesejáveis, recados em faixas afixadas nas proximidades da residência da vítima, permanência na saída da escola ou do trabalho, espera de sua passagem por determinado lugar, frequência no mesmo local de lazer, em supermercados, etc. (JESUS, 2008, p. 50).

Os tribunais brasileiros estão aplicando a LCP aos *stalkers*, pessoas que espionam e perseguem os internautas sem prejuízo de acusação por outras infrações ilícitas ou penais mais graves, senão vejamos,

> HABEAS CORPUS. AMEAÇA E CONSTRANGIMENTO ILEGAL. VIOLÊNCIA DOMÉSTICA. PRISÃO PREVENTIVA. CONDUTA DE RISCO (*STALKING*) BEM EVIDENCIADA, COM ANÚNCIO DE PROGRESSÃO CRIMINOSA. JUÍZO DE RISCO BEM FUNDAMENTADO NOS FATOS CONCRETOS, SEM QUE SEJAM OFERECIDOS MOTIVOS SUFICIENTES PARA RECONSIDERÁ-LO NESTA SEDE. COAÇÃO QUE SE RECONHECE LEGAL. Ordem denegada. (Habeas Corpus Nº 70055142970, Terceira Câmara Criminal, Tribunal de Justiça do RS, Relator: João Batista Marques Tovo, Julgado em 15/07/2013) (TJ-RS - HC: 70055142970 RS, Relator: João Batista Marques Tovo, Data de Julgamento: 15/07/2013, Terceira Câmara Criminal, Data de Publicação: Diário da Justiça do dia 12/08/2013).

Outra norma importante, o Estatuto da Juventude, recentemente criado pela Lei nº. 12.852, de 5 de agosto de 2013, prevê os direitos à saúde, à liberdade de expressão, à igualdade, à educação, à cultura ao ficarem expressamente marcados na norma material. Verifica-se, portanto, a preocupação do legislador em enfatizar os direitos da prevenção e enfrentamento da violência, à saúde e à qualidade de vida, considerando suas especificidades na dimensão da prevenção, proteção e recuperação da saúde de forma integral dos jovens, promoção de uma vida segura e da cultura para a paz, entre outros (BRASIL, 2013).

Outra norma que merece destaque é a Lei nº. 12.965, de 23 de abril de 2014, reconhecida como Marco Civil da *Internet*, que inovou em várias questões sensíveis relacionadas à *Internet* e reforçou direitos e garantias previstos na Carta Magna de 1988, conforme lecionam Giachetta e Meneguetti (2014, p. 390-391),

> O Marco Civil da Internet reafirmou a garantia constitucional à inviolabilidade da intimidade e da vida privada, como princípio e também como direito dos usuários da rede mundial de computadores, como reação aos fatos internacionais relacionados à coleta e utilização não autorizada de dados pessoais e de comunicação de usuários brasileiros, mesmo que prescindível ante as disposições da Constituição Federal de 1988 [...].

Essa lei entrou em vigor desde junho de 2014, possui 32 artigos, e dispõe, no capítulo II, os direitos aos usuários, quais sejam:

> I - inviolabilidade da intimidade e da vida privada, sua proteção e indenização pelo dano material ou moral decorrente de sua violação; II - inviolabilidade e sigilo do fluxo de suas comunicações pela internet, salvo por ordem judicial, na forma da lei; III - inviolabilidade e sigilo de suas comunicações privadas armazenadas, salvo por ordem judicial; IV - não suspensão da conexão à internet, salvo por débito diretamente decorrente de sua utilização; V - manutenção da qualidade contratada da conexão à internet; VI - informações claras e completas constantes dos contratos de prestação de serviços, com detalhamento sobre o regime de proteção aos registros de conexão e aos registros de acesso a

aplicações de internet, bem como sobre práticas de gerenciamento da rede que possam afetar sua qualidade; VII - não fornecimento a terceiros de seus dados pessoais, inclusive registros de conexão, e de acesso a aplicações de internet, salvo mediante consentimento livre, expresso e informado ou nas hipóteses previstas em lei; VIII - informações claras e completas sobre coleta, uso, armazenamento, tratamento e proteção de seus dados pessoais, que somente poderão ser utilizados para finalidades que: a) justifiquem sua coleta; b) não sejam vedadas pela legislação; e c) estejam especificadas nos contratos de prestação de serviços ou em termos de uso de aplicações de internet; IX - consentimento expresso sobre coleta, uso, armazenamento e tratamento de dados pessoais, que deverá ocorrer de forma destacada das demais cláusulas contratuais; X - exclusão definitiva dos dados pessoais que tiver fornecido a determinada aplicação de internet, a seu requerimento, ao término da relação entre as partes, ressalvadas as hipóteses de guarda obrigatória de registros previstas nesta Lei; XI - publicidade e clareza de eventuais políticas de uso dos provedores de conexão à internet e de aplicações de internet; XII - acessibilidade, consideradas as características físico-motoras, perceptivas, sensoriais, intelectuais e mentais do usuário, nos termos da lei; e XIII - aplicação das normas de proteção e defesa do consumidor nas relações de consumo realizadas na internet.

O art. 29 da mesma lei prevê ainda sobre a obrigação de controle dos pais ou responsáveis legais, a responsabilidade de escolha na utilização e restrição de uso dos programas de computador pelos filhos menores de idade, em consonância com o ECA. Dessa forma, o controle parental é importante na observância do conteúdo acessado pelos filhos nas redes sociais (BRASIL, 2014).

O Marco Civil da *Internet*, foi regulamentado pelo Decreto nº. 8.771, de 11 de maio de 2016, diz respeito aos procedimentos de guarda, proteção de dados por provedores e indicação de medidas de transparência na requisição dos dados cadastrais pela administração pública para estabelecer parâmetros na fiscalização e apuração de crimes virtuais (BRASIL, 2016). Essa nova norma foi necessária face à previsão expressa de regulamentação das normas em aberto, lacunas que deveriam ser preenchidas e implementadas para terem condições de serem cumpridas pelos órgãos responsáveis.

Estas citações legais são importantes para atender ao objetivo de se verificar a existência de políticas públicas direcionadas às instituições educacionais, que mesmo sendo de âmbito nacional podem ser aplicadas às escolas municipais.

No Brasil, as políticas públicas que tratam sobre o *cyberbullying* nas escolas são incipientes. O Plano Nacional de Educação em Direitos Humanos (PNEDH), de 2009, contém cinco grandes eixos de atuação: educação básica, educação superior, educação não-formal, educação dos profissionais dos sistemas de justiça e segurança pública e educação e mídia.

O documento prevê como linhas gerais de ação a capacitação de profissionais na promoção da formação inicial e continuada dos professores com incentivo na interdisciplinaridade, transdisciplinaridade e direitos humanos. Como ações programáticas, o PNEDH estipula a criação de formação de profissionais na leitura crítica da mídia e a realização de campanhas na orientação de denúncias contra abusos e violações dos direitos humanos cometidos na mídia, no entanto, não enfrenta questões que envolvam *cyberbullying*.

Frick (2016) em estudo realizado em 2013 sobre as estratégias de prevenção e contenção de *bullying* nas escolas, encontrou legislações estaduais de *antibullying* que apontam a necessidade de capacitação docente. Todavia, a autora conclui que apesar da exigência legal da promoção dos programas escolares que estimulem informação, conscientização e sensibilização, o envolvimento das famílias e instituições formais (saúde, poder judiciário) é incipiente, porque esses sujeitos não trabalham com a melhoria das relações interpessoais. As lacunas das universalizações das políticas, portanto constituem um desafio ao estímulo na busca de sistemas coordenados pelo Ministério da Educação (ME) para que normas de cooperação tenham efetividade.

O Plano Nacional de Educação (PNE) foi regulamentado e aprovado pela Lei nº. 13.005, de 25 de junho de 2014, e determina que no prazo de dois anos a contar da data da publicação da lei, o Sistema Nacional de Educação (SNE) seja regulamentado com a finalidade de articular as metas e estratégias traçadas pelo PNE em regime colaborativo pelos sistemas de ensino.

Em consulta ao *site* do Ministério da Educação, verifica-se que o Projeto de Lei nº. 413/2014 que visa à implementação do SNE está em tramitação na Câmara dos Deputados, retirado de pauta de ofício, desde 13 de junho de 2018. Ou seja, mesmo que haja, por enquanto, iniciativas legais em discussão e/ou suspensas no Congresso Nacional sobre a promoção da cidadania com suporte nos valores morais e éticos, erradicação de todas as formas de discriminação, melhorias na qualidade da educação, valorização dos direitos humanos, culturais e tecnológicos, os problemas relacionados ao *cyberbullying* ficam sem respostas.

Outra iniciativa do Governo Federal em atendimento ao art. 5º. do Decreto nº. 8.162/2013, é o projeto "Humaniza Redes", que se consubstancia no Pacto Nacional de Enfrentamento às Violações de Direitos Humanos, espaço destinado a acolher denúncias de pessoas que se encontram em situação de violência de ações perpetradas na *Internet*. O projeto é vinculado ao

Ministério dos Direitos Humanos e possui parcerias com outros Ministérios, entre eles o Ministério da Educação e Ministério da Justiça ao priorizar crianças e adolescentes vitimadas *on line* e objetiva acolher e endereçar as ocorrências de *cyberbullying* aos órgãos competentes. Entretanto, o *site* não informa sobre a legislação em vigor, as cartilhas virtuais expostas no portal não permitem fazer *download*, ou seja, é incipiente para explicar as políticas públicas existentes

Um marco legal importante no Brasil, a Lei nº. 13.185, de 6 de novembro de 2015, que instituiu o Programa de Combate à Intimidação Sistemática, em vigor no país desde fevereiro de 2016, prevê no art. 5º., que os "estabelecimentos de ensino, clubes e agremiações recreativas devem assegurar medidas de conscientização, prevenção, diagnose e combate à violência e à intimidação sistemática *(bullying)*". Além disso, preconiza que as escolas devam elaborar e publicar relatórios bimestrais de ocorrências de *bullying* e *cyberbullying* na esfera federal, estadual e municipal para o planejamento de ações futuras.

O *cyberbullying*, na lei, foi definido na existência de intimidação sistemática de violência física ou psicológica em atos de intimidação, humilhação ou discriminação, no uso de instrumentos que impliquem em depreciação, incitação à violência, a exemplo de adulteração de fotografias, invasão de privacidade, e dados pessoais com a intenção de causar sofrimento e constrangimento psicológico ou social. Trata-se de uma regulamentação recente que está sendo conhecida e implementada à medida que as escolas se adequam e encontram meios de atender à legislação.

No Estado do Tocantins, por exemplo, o portal (http://seduc.to.gov.br/) não fornece detalhes de quantas palestras foram realizadas, qual o calendário dos eventos e em quais unidades escolares foram ministradas. Sobre o *cyberbullying,* a consulta não trouxe informações sobre as medidas que as escolas são obrigadas a cumprir de acordo com a Lei n°. 13.185/2015, não indicam as atividades relacionadas ao enfrentamento do *cyberbullying* e, muito menos, a existência de quaisquer cursos de capacitação docente de qualquer natureza.

4.4 OS PROJETOS DE LEI EM TRAMITAÇÃO NA CÂMARA DOS DEPUTADOS E NO SENADO FEDERAL SOBRE *CYBERBULLYING* – PERÍODO DE 2015 A 2017

Neste tópico serão analisados os principais projetos de lei relacionados ao fenômeno do *cyberbullying*, em tramitação na Câmara dos Deputados e no Senado Federal no período compreendido entre 2015 a 2017.

O estudo dos projetos em lei em andamento nas duas casas legislativas objetiva atender ao objetivo da pesquisa de identificar se os parlamentares têm priorizado critérios de prevenção dos riscos e danos no ambiente escolar. As legislações foram pesquisadas nos portais das duas casas legislativas, Senado Federal e Câmara dos Deputados no período selecionado, tendo sido utilizadas como parâmetro de buscas: as palavras e/ou expressões *"cyberbullying"* e *"bullying virtual"*.

O quadro 6, a seguir, sinaliza que são poucas as propostas em tramitação legislativa porque a Lei n°. 13.185 de 2015, em vigor no Brasil desde 6 de fevereiro de 2017, esvaziou o interesse dos parlamentares em apresentarem propostas sobre questões relacionadas à violência virtual e políticas públicas que estabeleçam diretrizes aos estabelecimentos de ensino sobre a matéria. Ou seja, mesmo com o surgimento de novas proposições legislativas contemplando temáticas semelhantes ou tangenciais à Lei n°. 13.185 de 2015, a pesquisa documental referente à legislação em referência, não foi finalizada pelo parlamento brasileiro.

Quadro 6 - Projetos de lei em tramitação na Câmara
Dos Deputados e Senado Federal (Período 2015-2017).

Órgãos proponentes	Projetos de Lei (PL) em tramitação
Câmara dos Deputados	• **PL 1671/2015.** **Autora: Deputada** Shéridan Esterfany Oliveira de Anchieta - PSDB/RR. **Data da apresentação:** 26/05/2015. **Ementa:** Institui a realização de campanhas publicitárias no Rádio e na Televisão para combater o assédio moral (*bullying*) e o assédio moral virtual (*cyberbullying*) e dá outras providências. **Situação: COORDENAÇÃO DE COMISSÕES PERMANENTES (CCP).** Situação: em 11/11/2016, foi encaminhado à publicação. Parecer da Comissão de Segurança Pública e Combate ao Crime Organizado Publicado em avulso e no DCD de 12/11/16 PÁG 177 COL 01, Letra A. • **PL 3686/2015.** **Autor: Deputado** Ronaldo Carletto - PP/BA. **Data da apresentação:** 19/11/2015. **Ementa:** Tipifica o crime de intimidação sistemática (*Bullying*), prevendo causa de aumento se a conduta for realizada por meio da internet (*Cyberbullying*). **Explicação:** Altera o Decreto-lei nº 2.848, de 1940 – Código Penal. **Situação:** Tramitando em conjunto ao PL 1573/2011 – recebido em 02/12/2015 pela Comissão de Seguridade Social e Família (CSSF). • **PL 2.801/2015.** **Autor:** Deputado João Henrique Caldas (JHC). Data da apresentação: 27/08/2015. **Ementa:** Altera a Lei Federal n° 9.394/1996 – que estabelece as diretrizes e bases da educação nacional, para acrescentar finalidade ao Ensino Médio no sentido de incluir a necessidade de educação quanto aos meios telemáticos de comunicação e comportamento e tecnologia. **Situação:** recebido pela CCJ e apensado ao PL 1077/2015.

CAPÍTULO 4 • POLÍTICAS PÚBLICAS

Órgãos proponentes	Projetos de Lei (PL) em tramitação
Câmara dos Deputados	• **PL 1077/2015.** **Autor:** Deputado Rômulo Gouveia – PSD/PB. **Data da apresentação:** 08/04/2015. **Ementa:** Altera a Lei nº 9.394, de 20 de dezembro de 1996, que estabelece as diretrizes e bases da educação nacional, para incluir no currículo oficial da rede de ensino a obrigatoriedade da temática "Educação e Segurança Digital". **Situação:** 06/02/2018, em Mesa Diretora da Câmara dos Deputados (MESA), para apensar ao PL 9386/2017.
	• **PL 6.663/2016** **Autor:** Deputado Felipe Bornier de Oliveira. **Apresentação:** 08/12/2016. **Ementa:** Obriga a inclusão da Educação Digital no currículo escolar dos ensinos infantil e fundamental. Proposição Sujeita à Apreciação do Plenário Situação: Apense-se à (ao) PL-1077/2015. Proposição Sujeita à Apreciação do Plenário Regime de Tramitação:
	• **PL 5.633/2016** **Autor:** Deputado Viente Alves Vicente Júnior. **Data da Apresentação:**20/06/2016. **Ementa:** Acrescenta inciso ao caput do art. 36 da Lei nº 9.394, de 20 de dezembro de 1996, que estabelece as diretrizes e bases da educação nacional, para determinar a obrigatoriedade de disciplina sobre segurança digital nos currículos do ensino médio. **Situação:** Apensado ao PL 1077/2015.
	• **PL 6.885/2017** **Autor:** Deputado Carlos Henrique Gaguim. **Data da Apresentação:** 14/02/2017. **Ementa:** Altera o art. 26 da Lei nº 9.394, de 20 de dezembro de 1996, que estabelece as diretrizes e bases da educação nacional, para tornar obrigatória a informática educativa em todos os níveis da educação básica. **Situação:** Apensado ao PL 1077/2015.

Órgãos proponentes	Projetos de Lei (PL) em tramitação
Câmara dos Deputados	• **PL 7.629/2017** **Autor:** Deputado Adérmis Marini/ PSDB/SP. **Data da Apresentação:** 16/05/2017 **Ementa:** Altera a Lei nº 9.394, de 20 de dezembro de 1996, que estabelece as diretrizes e bases da educação nacional, para incluir no currículo oficial da rede de ensino a obrigatoriedade da temática "Educação Digital". **Situação:** Apensado PL 1077/2015. • **PL 171/2017** **Autoria:** Deputada Federal Keiko Ota (PSB/SP). **Data de Apresentação:** 19/12/2017. **Ementa:** Altera o art. 12 da Lei nº 9.394, de 20 de dezembro de 1996, para incluir a promoção de medidas de conscientização, de prevenção e de combate a todos os tipos de violência e a promoção da cultura de paz entre as incumbências dos estabelecimentos de ensino. **Situação:** Aguardando designação do Relator.
Senado Federal	• **PLS 163/2017** **Autoria:** Senador Garibaldi Alves Filho. **Data de apresentação:** 30/05/2017. **Ementa:** Dispõe sobre a Semana Nacional de Valorização da Vida **Situação:** Remetido Ofício nº. 960, de 20/09/17, ao Senhor Primeiro-Secretário da Câmara dos Deputados, encaminhando autógrafos do projeto para revisão, nos termos do art. 65 da Constituição Federal (fl. 35 a 36) e encaminhado à revisão da Câmara dos Deputados o Projeto de Lei do Senado nº. 163, de 2017. Em 30/05/2017 – encaminhado à SF-SEADI - Secretaria de Atas e Diários **Ação:** Leitura da matéria na sessão do SF nº75, em 30/05/2017. Publicado no DSF Páginas 222-226.

Fonte: quadro elaborado pela Autora com base nos dados disponíveis no portal da Câmara dos Deputados e Senado Federal em março de 2018.

Verifica-se pelo quadro acima, que entre 2015 e 2017, foram encontrados 10 projetos de lei em tramitação na Câmara dos Deputados e Senado Federal. Registre-se que em 2015, os parlamentares propuseram 4 projetos legislativos que tiveram relação com o *cyberbullying*, ou seja, o dobro da quantidade de propostas se comparado aos anos de 2016 e 2017.

No entanto, apesar de os projetos de lei apresentarem conteúdos correlatos à violência, nem todos preveem políticas direcionadas ao *cyberbullying*, razão pela qual não atendem às demandas educacionais. São propostas legislativas independentes que não se comunicam umas com as outras, face à tramitação legislativa e níveis de poder distintas.

> Para resumir a história: esse mundo, nosso mundo líquido moderno, sempre nos surpreende; o que hoje parece correto e apropriado amanhã pode muito bem se tornar fútil, fantasioso ou lamentavelmente equivocado. Suspeitamos que isso possa acontecer e pensamos que, tal como o mundo que é nosso lar, nós, seus moradores, planejadores, atores, usuários e vítimas, devemos estar sempre prontos a mudar: todos precisam ser, como diz a palavra da moda, "flexíveis". Por isso, ansiamos por mais informações sobre o que ocorre e o que poderá ocorrer. Felizmente, dispomos hoje de algo que nossos pais nunca puderam imaginar: a internet e a web mundial, as "autoestradas de informação" que nos conectam de imediato, "em tempo real", a todo e qualquer canto remoto do planeta, e tudo isso dentro de pequenos celulares ou iPods que carregamos conosco no bolso, dia e noite, para onde quer que nos desloquemos (BAUMAN, 2011b, p. 14).

CAPÍTULO 5

Os resultados da pesquisa de campo presencial e virtual

5.1 EXPLICANDO A PESQUISA DE CAMPO

O campo de pesquisa foi constituído por duas plataformas: virtual e presencial com o uso da metodologia da netnografia mista com a finalidade de mesclar dados gerados *on line* e *off line* (KOZINETS, 2014). Na primeira plataforma, a pesquisadora imergiu na rede social do *Facebook* e encontrou diversos grupos temáticos do *Cyberbullying*.

Para a escolha do grupo que melhor adequasse aos problemas e objeto da pesquisa, fez-se necessária uma navegação inicial na página principal e ingresso em grupos temáticos do *cyberbullying* no *Facebook* para o conhecimento do conteúdo das postagens abertas ao público. Em um segundo momento, a pesquisadora solicitou o ingresso e permissão, tendo sido aceita em 5 grupos virtuais do *Facebook*.

De outro lado, na plataforma presencial, foram visitadas quatro escolas municipais de nível fundamental da cidade de Palmas/TO, localizadas em pontos estratégicos da cidade. Duas delas, estão sediadas no centro da cidade e as demais em setores bem afastados da capital.

Para ter acesso às informações preliminares, a Autora solicitou à Secretaria Municipal de Educação da cidade de Palmas/TO, tendo sido autorizado o ingresso em 4 (quatro) escolas estaduais, nas turmas de 6ª., 7ª. e 8ª. séries do nível fundamental.

Os participantes que aceitaram participar da pesquisa nas escolas, foram 24 (vinte e quatro) adolescentes, entre meninos e meninas, escolhidos aleatoriamente e 21 (vinte e um) funcionários das escolas dentre professores, orientadores pedagógicos e diretores das escolas, conforme ilustra o quadro abaixo:

Quadro 7 - Entrevistas aplicadas nas escolas/participantes

Escolas	Estudantes	Professores	Orientadores/ Supervisores pedagógicos	Diretores	Total
Escola "A"	11 (5 meninos e 6 meninas) Idade: 12 a 15 anos. 3 desistentes.	1 (G)	2 (1 – G, e 1 – PG)	1 (PG)	15
Escola "B"	2 meninos. Idade: 13 anos.	2 (1 – G, e 1 – PG)	3 (PG)	1 (G)	8
Escola "C"	10 (5 meninos e 5 meninas). Idade: 13 a 15 anos.	2 (PG)	3 (2 – G, e 1 – PG)	1 (PG)	16
Escola "D"	1 (menina). Idade: 13 anos	1 (G)	3 (PG)	1 (PG)	6
Total de entrevistados	24	6	11	4	45

Fonte: elaborado pela autora. G = graduação. PG = Pós graduação

O Projeto da Tese e outros documentos foram submetidos à Plataforma Brasil, em 07/04/2017 conforme se depreende no Certificado para Apresentação de Apreciação Ética (CAAE) n°. 69064317.0.0000.0029, aprovado em 17 de julho de 2017 pelo Comitê de Ética (CE) da UCB, parecer n°. 2.175.797.

5.2 RAZÕES QUE LEVAM ADOLESCENTES E JOVENS A POSTAREM MENSAGENS EM REDES SOCIAIS NA *INTERNET*

As razões que levam os adolescentes e jovens a postarem mensagens são as mais diversas. Desde a necessidade de se comunicar com outros jovens, de dialogarem sobre assuntos variados: de mostrarem ao mundo o que fazem; quem eles são e o que gostam de fazer são alguns exemplos encontrados na pesquisa.

Os tópicos a seguir detalham os resultados encontrados durante a coleta e geração dos dados em três vertentes: o encontro dos jovens e adolescentes na *internet* como praça virtual, a postagem de mensagens lúdicas de brincadeiras na *internet* e, por último, a comprovação de que é possível o usuário navegar na rede em lugares perigosos, praticando condutas que configurem transgressão na *internet*.

O aparelho celular carregado na palma da mão ou nos bolsos dos uniformes dos estudantes nas escolas, apresenta-se mais que um adereço ou objeto de uso pessoal. Para os jovens, quem possui um *smartphone* tem melhores condições de conseguir contatos e novos amigos, ou seja, é uma fonte de amizades e, por conseguinte, de possíveis laços de afeto.

O celular é considerado pelos estudantes como um meio imediato de dialogar com o mundo mediante o ingresso nas redes sociais. Utilizada como ambiente de popularização de encenação do "eu", a *internet* permite a criação de perfis pessoais públicos e privados. Os jovens relatam sobre suas preferências de lazer (filmes, jogos, esportes) e têm a liberdade de brincar com as informações disponíveis. São práticas recorrentes dos estudantes: as trocas e comentários de notícias, fotografias, textos e áudios, no universo das relações sociais mantidas nos grupos *on line* (SANTAELLA, 2007; BLAYA, 2013).

Os estudantes das escolas visitadas, entretanto, em um primeiro momento ao serem entrevistados, se colocaram em uma posição defensiva ao afirmarem que não portavam e/ou usavam o celular no ambiente escolar. O medo da divulgação de seus nomes, e/ou informações sobre possíveis descumprimentos às regras da escola ou recebimento de sanções, foram sentidas em várias entrevistas nas respostas incompletas fornecidas à pesquisadora. Temos como exemplo, o relato da estudante ED1, ao responder se usava celular e/ou a *internet* na escola no início da entrevista,

> [...] Não. Porque o meu celular quebrou.... posso ...mas prefiro não usar. Pra aprender mais... essas coisas [...], teve umas amigas minha que criou uma tal de lista, aí nessa lista pegava o nome de um monte de menina, aí colocava lá e ficava falando mal delas, aí essa lista foi postada no *Face*, aí eu vi. Aí tava minhas amigas nela lá. A menina que criou isso ela é do Aureny, ela não conhece ninguém, ela só achou que atingindo essas pessoas, conseguiria atingir a família dela. (sic)

Porém, à medida que a conversa era estendida e o nível de confiança ampliado, surgiram fatos interessantes. Tanto foi que, sentindo-se mais confiante, ED1 afirmou que usava as redes sociais na escola onde estuda, no horário do recreio. "Quando tinha celular usava praticamente todas as redes sociais na escola. *Facebook* (pausa) Usava (pausa), era o *Whats... Face... Instagram, Snap...* essas coisas". Ao falar sobre seus amigos, disse ter apenas cinco.... Mas, ao se referir sobre os amigos das redes sociais, informou ter "três mil, duzentos e poucos. Mas que converso mesmo, são novecentos e poucos... [...]" (ED1).

Esse número surpreendente de relações em rede de amigos, proporciona uma abertura de laços de amizade de vários níveis e a rápida capacidade de interação social/virtual. Nas palavras de Blaya (2013, p. 26), "a *internet* pode, pois, ser um meio de trocas, de partilhas (músicas, vídeos, informações), de encontros e de relações e até mesmo de amizade".

A analogia do uso da rede social a uma praça virtual pode ser explicada porque a *internet* tem muitas funções. Entre elas, a de propiciar que mensagens possam ser trocadas nos grupos com vários usuários simultaneamente, a exemplo do *WhatsApp*, e, ao mesmo tempo, esse mesmo usuário ter condições de conversar no contato privado com um dos usuários do grupo. Ou seja, permite ao internauta ter ciência de conteúdos postados e acessível por todos e possibilita que seus usuários possam aproveitar dessas informações para divulgar, criticar e replicar a outras pessoas em particular. O Estudante EA2, explicou esse tipo de situação, ao noticiar fato que acarretou sofrimento à vítima:

> [...] bem, foi tipuu (pausa), no *WhatsApp* mesmo, com uma amiga minha, a gente tava num grupo e, du nada, eles começaram a falar mal dela e né, eu fui defender ela também, como eu fui defender ela, eu falei pra eles assim: dexa queto isso aí, já passou... aí eles continuaram aí eu fui e saí do grupo. E eu falei pra ela sair também. E ela saiu também. Porque amigo que fala mal do meu amigo, num é amigo meu não [...] (sic).

Quanto à autoafirmação pessoal, a estudante EA7 esclarece o motivo pelo qual as pessoas postam mensagens nas redes sociais, "eu acho que... (pausa), as pessoas postam coisas assim, ou porque já sofreram *bullying* ou se acham demais pra poder afetar outra pessoa". Ao ser perguntada sobre o que significa "acham demais", a estudante complementou: "tipo... é igual... é vou procurar uma forma de falar melhor... é só tipo... há, eu sou a tal... a mais bonita... tal aí fica... e acha que é melhor que os outros" (EA7).

A rede social tem uma funcionalidade de diário pessoal. Apresenta-se, portanto, como lugar de autoafirmação da própria identidade. Nas palavras de Giddens (2002, p. 54), a auto-identidade,

> Não é um traço distintivo, ou mesmo uma pluralidade de traços, possuído pelo indivíduo. É o eu compreendido reflexivamente pela pessoa em termos de sua biografia. A identidade ainda supõe a continuidade no tempo e no espaço: mas a auto-identidade é essa continuidade reflexivamente interpretada pelo agente. Isso inclui o componente cognitivo da pessoidade [*personhood*]. Ser uma "pessoa" não é apenas ser um ator reflexivo, mas ter o conceito de uma pessoa (enquanto aplicável ao eu e aos outros).

A identificação do próprio "eu" e o que os outros pensam do "eu" pode ser explicada na escolha pelos jovens da melhor rede social para navegar. A identificação de si mesmos pelos estudantes nas respostas obtidas das entrevistas tem relação direta com a popularidade que eles podem ganhar na escola, a exemplo da facilidade de acesso do *Instagram* e do *Facebook*.

A preferência dessas modalidades de redes sociais se justifica pela visibilidade, acessibilidade, rapidez da informação, elementos valorizados pelos jovens e adolescentes. Para que as mensagens tenham essas características, seus conteúdos devem ser curtos, as imagens vivas, anímicas, cômicas. A avaliação de que uma postagem foi aceita pelos usuários está diretamente relacionada com o número de curtidas e comentários. Se o resultado é inverso, ou seja, ausência de *likes* (curtidas), os jovens entrevistados afirmaram que se sentem isolados e excluem a mensagem da rede social.

Apesar da amostra de estudantes que concordaram em colaborar com a pesquisa ter sido pequena, os dados inferem que muitos deles não têm celular, o que não os impedem de utilizar a *internet* na escola. Entre os estudantes ouvidos, das quatro escolas visitadas, 29,17%, disseram que tem celular enquanto 70,83%, responderam que não o possuem. Todavia, 62,50% deles usam a *internet* na escola, enquanto 37,50% não a utiliza.

Gráfico 8 – Estudantes que possuem o aparelho celular

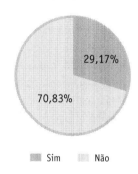

Fonte: elaborado pela autora.

Gráfico 9 – Estudantes que usam a Internet na escola

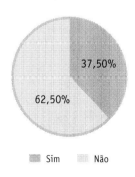

Fonte: elaborado pela autora.

A autoafirmação como uma das razões dos jovens estudantes pode ser comprovada nas mensagens postadas na *internet*, diretamente relacionada na descrição das viagens, dos novos amigos e amigas, nas *selfies* (autorretratos) e no falar de si mesmos (das preferências de roupas, dos restaurantes, dos objetos e animais que curtem) enfim, da rotina que levam.

Por outro lado, nos cinco grupos *on line* selecionados na pesquisa netnográfica do *Facebook*, a justificativa dos membros observados para o ingresso nos grupos foi a sensação de pertencimento e acolhimento. Essa é a narrativa de E1, ao explicar sua situação,

> Este grupo é para qualquer um que esteja lutando. Quer se trate de *bullying*, vícios, problemas familiares, depressão, raiva, seja o que for, esta página é para cada um de nós ajudar uns aos outros. Eu passei por muitas dificuldades ao longo da minha vida. Cerca de um ano atrás, ficou muito ruim. Eu me tornei errático, irritado, triste, deprimido, você nomeia isto [...] (Grupo virtual 1)

A explicação de E1, refere-se ao encontro dos usuários, seus amigos da rede social do grupo *on line* de que faz parte. Sem hora marcada, com a liberdade de seu próprio tempo e conteúdo a ser postado, seus membros afiliam-se às comunidades às quais são ajustadas aos perfis e interesses pessoais. Seja para postarem mensagens (in) devidas ou para relatarem casos de abusos ou de sofrimento, os fatores das postagens são multivariados e complexos.

A ausência de empatia pelo outro, o desrespeito com o outro e o culto ao corpo perfeito, aliados à necessidade dos jovens se sentirem pressionados às exigências sociais, foi a resposta de um dos entrevistados na netnografia, ao explicar a diversidade das publicações encontradas na *web* (Entrevista 1, grupo 3):

> [...] A meu ver são vários fatores como a falta de respeito existente entre as pessoas e a NÃO aceitação ou valorização do outro como pessoa. A perda de valores fundamentais como o respeito, levam principalmente, os adolescentes a banalizarem os sentimentos e a dor do outro. Não esquecendo que há também o problema da valorização da imagem, uma beleza estipulada, cobrada e que deve ser seguida por todos eles.

Estas questões se explicam, porque na praça virtual, a *internet*, os internautas, adultos, jovens e adolescentes podem ver os outros e a si mesmos. Ao conversar com os usuários dessa praça, entram nos bancos virtuais (*links*, arquivos, grupos, comunidades), observam as mensagens, comentam, divertem-se. Mas, sobretudo, a visibilidade de si mesmos fica evidenciada nas poses do próprio corpo, na personalização das imagens, mostradas ao mundo o que querem que seja visto.

5.2.1 Brincadeiras da e na *Internet*

No tópico anterior, a postagem de mensagens que contam sobre a vida pessoal foi uma das opções descritas como uma das preferências dos estudantes. Outra razão que os entrevistados mencionaram diz respeito às diversões virtuais que se caracterizam em brincadeiras de replicar vídeos, fotos e áudios cômicos.

Os "memes" foram citados como as principais postagens dos estudantes por fazerem parte da sociabilidade virtual. As risadas, as curtidas, os *emojis* aparecem nessa linguagem virtual das redes sociais ao enviarem, receberem, replicarem e divulgarem os "memes".

O termo "meme" foi criado por Richard Dawkins, em 1976, na obra "O gene egoísta", utilizado pelo autor para a memória como "unidade de informação que se multiplica de cérebro em cérebro ou entre locais onde a informação é armazenada" (ADAMI, 2018). Morais; Fernandes; Seixas (2016, p. 166), esclarecem que os "memes", são "conceitos, ideias, frases ou *slogans* que se espalham pela *internet* de forma viral, por *e-mail*, nos blogues e nas redes sociais. Assumem, geralmente, o formato de uma imagem ou vídeo acompanhadas de uma legenda humorística".

Na *internet*, o termo "meme" é utilizado para ilustrar a propagação contendo ou não alterações de fotografias, desenhos ou vídeos que se espalham rapidamente. Vários estudantes relataram sobre a postagem dos memes: "[...] eu? eu gosto de postar tipo... coisas que tão pegando muita fama na rede social...(pausa) e... vídeos engraçados [...]" (EA7).

Essas modalidades de imagens remodeladas são anímicas, metafórmicas, transformadas pelos usuários para se tornarem divertidas. São espécies de postagens virtuais de natureza interativa, volátil, fluida porque caminham em fluxos virtuais diferenciados, em tempo real (BAUMAN, 2005).

Têm a função de fazer rir, mesmo que seja de uma imagem não autorizada e remodelada a partir da tecnologia da *internet*. Além dos "memes", a *internet* em si mesma, para vários estudantes entrevistados, serve para brincar em jogos e outros aplicativos que estão disponíveis gratuitamente para serem baixados (*download*) pelo usuário.

Brincadeiras realizadas na *internet* e originárias da *internet*, são questões novas e difíceis de serem controladas pelos gestores e professores das escolas, pois para os estudantes não passam de uma brincadeira, mesmo alguns deles tendo a consciência de que podem implicar em consequências danosas para as vítimas. E é essa uma das principais preocupações relatadas por diretores, orientadores e professores das escolas.

Percebe-se que o uso do *wi-fi* da escola ou da *internet* privada pelos estudantes das escolas pesquisadas, como proibição expressa nos projetos pedagógicos e regimentos internos das escolas visitadas, não tem o efetivo controle do manejo das redes sociais como preveem estes documentos.

São normas aplicadas nas escolas pelos discentes em reuniões pedagógicas, após a anuência dos pais e responsáveis, que preferem acreditar na eficácia de regras proibitivas ao invés de dialogarem sobre os riscos e perigos da *internet* com seus filhos. Tratam-se, portanto, de regras inócuas pela facilidade de serem violadas e, por outro lado, difíceis de serem inspecionadas pelos funcionários da escola nos aparelhos celulares dos estudantes e mal compreendidas pela natureza fria dos documentos não assimilados pelos estudantes.

5.2.2 Transgressão na *internet*

A terceira razão evidenciada nos achados da pesquisa está relacionada à transgressão na *internet*. Por ser um ambiente aberto, livre e multifacetado, os professores entrevistados reconheceram as dificuldades e limitações de ser controlado.

A proibição de usar a *internet* da unidade escolar para uso pessoal dos estudantes, é uma regra impositiva encontrada nos documentos analisados corroborada pelas respostas dos funcionários dessas escolas. A liberdade cerceada de comunicação encontrada nos discursos orais e escritos reverberam o medo dos estudantes serem flagrados usando as redes sociais. Contudo, mesmo com todo esse aparato de regras impositivas e proibitivas vários estudantes foram vistos em espaços mais afastados do controle do professor portando o aparelho celular conectado na *web*.

Nos gráficos 11 e 12, verifica-se que as escolas tentam, sem sucesso, barrar o uso da *internet* pessoal ou da escola fora das atividades escolares. Nas respostas obtidas, 62,50% dos respondentes funcionários das escolas ETI afirmaram que não têm o controle desse acesso pelos estudantes.

Gráfico 10 - Respostas dos funcionários das Escolas
de Tempo Integral (ETI), sobre o controle e o uso do celular
e da *internet* pelos estudantes na escola em (%).

*A escola controla o acesso e/ou o uso de celulares
e internet pelos estudantes?*

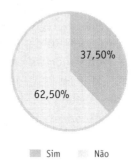

Fonte: Elaborado pela Autora.

Os dados do gráfico 11, de repostas fornecidas por gestores, professores e supervisores pedagógicos, se comparados aos dados gerados a partir das respostas dos estudantes, gráfico 12, apresentam coincidências conclusivas que os estudantes transgridem as normas escolares, porque se arriscam ao terem ciência do descontrole por parte da escola.

Gráfico 11 - Respostas dos estudantes da Escola de Tempo Integral
(ETI) sobre o uso de rede social durante as aulas.

Faz uso de rede social durante as aulas?

Fonte: Elaborado pela autora.

Um desses exemplos é o da entrevistada EC2, ao contar que os estudantes são orientados a utilizar a *internet* particular no celular apenas nas atividades supervisionadas pelos professores, conduta que nem sempre é cumprida, porque descobrem a senha da escola, "[...] mas, aí às vezes, ela não quer a gente tenha a senha (risos), e aí a gente acaba usando a *internet* da escola mesmo [...]".

Por outro lado, alguns estudantes exemplificaram transgressões virtuais capazes de ofender outras pessoas realizadas pelos usuários,

> [...] Uai, hoje em dia é assim, ne? Elas fazem brincadeiras umas com os outras. Achando que todo mundo gosta dessa brincadeira, posta para fazer a galera rir... no *whatsApp* mesmo. A outra pessoa não deve gostar ne? Depois acontece assassinato, muitas brigas entre as pessoas por causa do racismo. (EC3)

Mais adiante, o entrevistado relata sua atuação na *internet:*

> [...] Eu posto piadinha *Deep* (pausa) não sei se a senhora já ouviu falar na *Deep Web*? Lá você pode fazer tudo que quiser nele... vender...tipo comprar cocaína... qualquer coisa lá... tipo tudo de ruim... aí eu faço um desenho aqui meio tremular... tipo, um ventilador tremendo, quase quebrando, aí eu falo ó... esse você compra um ventilador do tipo web...ai eu gosto de postar essas coisas [...]. Eu não entro porque precisa do TOR, e o TOR é lento, mas é fácil de entrar...eu recomendo você não entrar porque eles raqueiam seus dados....aí eu uso *wifi* do colégio que é mais difícil de rastrear. (EC3)

A estudante, EC4, informou sobre as consequências de postagem de fotografias na rede que acarretaram em conflitos entre os estudantes da escola,

> [...] eu já vi muito (pausa), é... como posso dizer?(pausa). Tipo uma pessoa postou uma foto e tal... aí a outra foi lá e já colocou apelidinhos e tal, e trouxe muita briga já... tem gente que fala mal, não tem? Aí não gostou e aí quer expressar o que não gostou, vai lá e coloca. [..] aqui na escola mesmo, já teve briga por causa disso. [...] realmente, têm pessoas que já é pra atingir alguém, sabem realmente, o porquê eu não sei, porque não tem motivos, pra uma pessoal simplesmente ir lá e depravar a outra [...].

O conflito gerado a partir de postagens maldosas na *internet* foi uma das razões elencadas pelos funcionários das escolas para a proibição do uso do celular na escola, ao afirmar que:

> [...] não, não é permitido, aliás, ele pode utilizar mediante ordem do professor. [...] justamente para não haver...tipo, né? fica brincando, eles vão ao banheiro, fica fazendo imagens inadequadas, né? (inaudível), [...] as meninas maiores de idade, têm o costume de ficar tirando fotos, né, inadequadas [...] (FC6).

E pela gestora de uma das escolas pesquisadas, ao justificar que o celular somente pode ser utilizado como recurso pedagógico porque podem gerar conflitos graves entre os alunos,

> [...] brigas, filmam, vai pras redes sociais. É... talvez quando o professor vai chamar a atenção de um aluno, já teve também eles gravarem, gravarem a parte, talvez o professor teja um pouco mais exaltado, alterado, né? De colegas, fazendo aqueles *fakes*, já fizeram *fake* da página da escola também... isso é o que a gente consegue ter acesso e ver porque a dimensão é muito grande. A gente tá sempre procurando acompanhá-los da maneira que pode [...] (sic) (FB1).

A *internet*, apresenta-se como ferramenta de liberdade e autonomia para os jovens, fato relatado por Shariff (2011), em pesquisas realizadas com estudantes americanos e canadenses que se sentiram traídos quando foram descobertos em práticas ilegais. Falar mal do professor, rabiscar as paredes e as portas dos banheiros das escolas com palavrões, são transgressões comuns no ambiente escolar, vivenciados pelos estudantes. Para a autora, o que mudou foi o modo de operacionalizar as condutas, em que muitas vezes o transgressor pode ou não ser identificado.

É o que conta o funcionário da escola, ao relatar casos que tiveram na escola B:

> [...] Já tivemos caso, pra exemplificar, de um professor que foi ridicularizado pelos alunos mais, colocaram numa situação vexatória e nós, outros, os outros professores fomos conversar com a turma, pra evitar... a orientar a não fazer...[...] eles criaram uma página no *Facebook*, e botaram "maju da depressão" [...]. (FB3)

O entendimento do significado de transgressão para os funcionários da escola não é o mesmo para os estudantes, porque possuem percepções diferentes do que é e do que não é permitido. Para os estudantes, a navegação nas redes sociais é uma atividade normal, corriqueira. Por não terem uma ideia clara dos conteúdos que possam ofender outras pessoas e que, a depender da mensagem, configuraria uma transgressão, mesmo que estas informações estejam previstas expressamente nos documentos analisados (regimento interno e guia do estudante), a *internet* é entendida por eles como uma extensão do espaço físico.

É o que Bauman (2011b, p. 13) explica:

> O que certas "classes de idade" encaram como "natural" – "o modo pelo qual as coisas são", "o

modo como as coisas são normalmente feitas" e, portanto, como "elas devem ser feitas" – pode ser visto por outros como uma aberração, um estranho desvio da norma, talvez uma situação ilegítima e insensata – injusta, abominável, desprezível ou absurda, que exige completa revisão. O que para certas classes de idade parece uma situação agradável, que permite o uso de rotinas e habilidades aprendidas e dominadas à perfeição, pode ser esquisito e chocante para outras; pessoas de idades diferentes podem se sentir à vontade em situações que trazem desconforto para outras, que se veem confusas e desorientadas.

A transgressão para Cohen (1968) pode ser motivada pela coragem de desafiar a autoridade de quem detém o poder. Na pesquisa, em que vários estudantes foram entrevistados, a ousadia relatada nas respostas, por parte de alguns deles, em praticar ações à revelia do professor foi usual.

Nas observações dos comportamentos dos estudantes, verificou-se que ao usarem o celular no pátio da escola estão sujeitos às risadas e repreensões verbais por parte dos outros colegas. No entanto, para o estudante transgressor, é uma oportunidade de demonstrar liderança e poder no grupo por ter coragem de infringir as regras impostas pela escola.

Ou seja, a *internet* como lugar de navegação ilimitada, mesmo sendo em *links* proibidos, asseguram aos jovens e adolescentes opções de interação social e divulgação de suas ideias. As redes sociais, servem, nesse contexto, para os estudantes divulgarem o que pensam sobre a escola, as aulas, as avaliações, os professores e os colegas, comportamentos são mencionados e avaliados.

5.3 COMO OS JOVENS SE COMUNICAM NAS REDES SOCIAIS

A comunicação entre os jovens nas redes sociais tem um formato diversificado. Na pesquisa realizada nos cinco grupos virtuais autorizados sobre *cyberbullying*, foram verificadas postagens de vídeos, fotografias e textos, em que os seus conteúdos estão em sintonia com os objetivos do grupo.

Para explicar como os jovens se comunicam nas redes sociais, os tópicos seguintes discorrerão sobre os resultados obtidos nos grupos virtuais, mediante o uso da netnografia e as informações obtidas nas escolas visitadas.

5.3.1 A comunicação dos jovens e adolescentes em grupos fechados e abertos nas redes sociais

A maioria dos estudantes entrevistados nas escolas pesquisadas informaram que o *Instagram* e o *Facebook* são as redes sociais preferidas porque são de fácil acesso. Nenhum dos entrevistados sequer mencionou o antigo *Orkut*. Ao serem perguntados, se sabiam inserir, apagar ou alterar informações postadas, grande parte dos estudantes explicaram em detalhes como fazem todos estes procedimentos tecnológicos nas redes sociais.

O *Instagram*, por apresentar uma plataforma mais enxuta, predominantemente de vídeos e áudios, foi a rede social mais citada pelos entrevistados. As histórias pessoais (*stories*) matizadas em eventos como brincadeiras com o animal de estimação e/ou de um jogo de futebol, armazenadas por poucas horas no aplicativo virtual, demonstram a essência fugaz dessa rede social.

A comunicação no *Instagram* é permeada de linguagens fluidas, em postagens carregadas de um vocabulário curto, de pouquíssimo texto. As informações postadas falam por elas mesmas, ditadas por significados visíveis e invisíveis.

Sob essa vertente, as respostas das estudantes mostraram que as postagens contêm textos como as "indiretinhas", que se concretizam nas alfinetadas mediante a remessa das mensagens de textos, no intuito de que outras colegas vejam o que foi publicado. Relato de EC2 corrobora no sentido de que as indiretas acarretam em sofrimento intenso para as vítimas ao afirmar "indiretas, para ferir de jeito sim. [...] fazendo uma crítica do que as pessoas fazem, hipocrisia mesmo [...]". As indiretas ilustram que a rede pode servir de uma comunicação em que as estudantes se encorajam a dizer ou a mostrar aos outros o que querem que seja de conhecimento público. Outro exemplo do que sejam indiretas na rede social, foi dado por EC10: "[...] postam mais é indiretas mesmo, pra ferir mesmo a pessoa de jeito. [...] tipo... os caras era muito amigo ficaram muito brigados aí foi lá e começou muito a falar do outro e causou muito sofrimento, essas coisas assim. As pessoas ficam muito pra baixo [...]". (sic)

Nesse contexto, o comportamento dos estudantes na *web*, falarem o que sentem e o que pensam sobre um conflito em uma rede social ao invés de dialogarem entre si, presencialmente, demonstra medo por parte dos sujeitos em não tratarem diretamente sobre as dificuldades do relacionamento na escola.

No *Facebook*, a outra rede social mencionada pelos estudantes, há diversas possibilidades de acesso, opções para os usuários ingressarem em grupos fechados ou abertos e em ambos. Para tanto, o usuário neófito deverá solicitar a permissão para ser aceito no grupo. Porém, as postagens dos grupos fechados são monitoradas e acessíveis somente aos membros cadastrados e aceitos pelo administrador do grupo.

Infere-se, portanto, que para esta pesquisa, em que optou-se pela metodologia netnográfica, o *Facebook* tem o diferencial do ingresso do sujeito em subgrupos. Ou seja, constitui-se como uma grande rede, subdividida em diversas microrredes abertas e fechadas. Essa multidivisão dentro da própria rede do *Facebook*, possibilita que os jovens e adolescentes sintam-se confortáveis para expressarem suas ideias, emitirem opiniões, compartilharem experiências.

A comunicação flui naturalmente, ao postarem, repaginarem, replicarem e copiarem os conteúdos que lhes interessam. A escolha de uma dessas redes sociais para a navegação pelos estudantes, é uma alternativa de inserção em várias outras dimensões do aplicativo. Essa trajetória pode ser feita no *Facebook*, com o recebimento das notificações de postagens via *push, e-mail* e *Short Message Service (SMS)* ou serviço de mensagens curtas.

As mensagens servem como meios comunicacionais, para os estudantes que desejam que sejam lidos e conhecidos pelos destinatários, como descreve EC9: "[...] tem uma amiga minha que tem mania de postar no *status* [...] ela tem paixão por um menino [...]". A mesma entrevistada complementa onde e como essa postagem pode ser feita, "[...] já no *Facebook* quando tu abre o *mensager* tu abre duas bolinhas, uma bolinha pro *status*, outra bolinha pras conversas, [...] aí o *status* somem em 24 horas (pausa) então se a pessoa não viu ali não vai ver depois também [...]". (sic)

O formato comunicacional nas redes sociais é permeado de símbolos como os *emojis*, que falam por si mesmos, e pela linguagem abreviada das palavras e mesmo a preferência pelo uso do celular porque o acesso é mais fácil e mais rápido que o computador. Nas respostas dadas, os estudantes explicaram quais as redes que utilizam e citaram outras que fazem uso, como o *Snapchat* e o Amino, aplicativo virtual que pode ser instalado gratuitamente no celular em que o usuário pode participar de várias subcomunidades. A estudante EC9, detalha como é feita a comunicação na rede:

> [...] A forma mais fácil de você fazer amizade é quando você vai num grupo [...]. Tipo... você tem um amigo naa... (pausa), assim, na vida real. Aí

> ele convida ele te coloca num grupo com várias pessoas, essas pessoas, vão colocar outras pessoas talvez também elas não se conheçam pessoalmente aí lá no grupo mesmo você começa uma conversa com as pessoas que estão lá e aí, quando elas estão amigas elas chamam no privado.

Todos os estudantes responderam que sabiam manusear as redes sociais. A estudante ao ser perguntada se sabia como inserir, apagar ou alterar mensagens nas redes sociais, EC9, explicou que:

> [...] no *WhatsApp*, você pode apagar a mensagem pra você mesmo, você pode apagar pra você mesmo sempre, sempre. Mas você só apaga pra você, e o outro que você enviou se você, se ele não tiver visto, mas se ele tiver visualizado a mensagem você não pode mais apagar, não volta mais atrás.

A comunicação nas redes sociais, é estabelecida em espaços públicos e privados ou abertos e fechados como o *WhatsApp e o Facebook*. Os grupos abertos possuem vários membros com acesso às mensagens postadas por todos eles. Entretanto, as duas redes sociais citadas, permitem que seus membros possam se comunicar, no *mensager*, privado, o que permite uma maior intimidade entre os interlocutores através das mensagens postadas.

O estudante EC10, preferiu explicar como essa comunicação é feita pelos estudantes, na estrutura do *Facebook*,

> [...] Vou dar o exemplo de tudo porque é uma rede social bem completa. Tem diversos meios de configuração que você pode usar e fazer. Vamos supor que você vai fazer um comentário de alguma coisa, você inseriu alguma coisa, vamos supooor... (pausa) um comentário de supor você viu o vídeo de algum jogo ou algum filme, um filme. Você

> comentou, nossa que filme incrível, bacana, não sei o quê... você sem querer rouba uma coisa... aí você pode ir lá no seu comentário e... se for no celular você segura ele e vai aparecer as opções editar, apagar, alterar, essas coisas. Isso no computador, a mesma coisa, aí você altera isso, é bem simples mesmo. [...]

No exemplo acima, a comunicação favorece a troca entre os usuários da rede de informações sobre diversos assuntos, permitindo que seus conteúdos possam ser interativos, visualizados, complementados e criticados. A *internet* serve, portanto, como suporte de diálogo entre os usuários, mas também de sofrimento em consequência de mensagens que têm o objetivo de atingir algum amigo da própria escola.

5.3.2 As postagens nas redes sociais que configurem *cyberbullying*

Nem todas as postagens encontradas em redes sociais podem ser classificadas como *cyberbullying*. Conforme tratado nos tópicos anteriores, a navegação na *internet* é justificada por vários fatores, entre eles o de encontrarem os amigos e fazerem outros amigos; de autoafirmação da própria identidade; de diversão e de transgressão.

Os fatores que mobilizam e impulsionam os jovens e adolescentes a usarem as redes sociais caracterizam-se pela liberdade e autonomia nas postagens que publicam nas redes sociais às quais podem trazer consequências drásticas para os envolvidos. Isso se explica mediante a publicação de informações não autorizadas de terceiros como dados pessoais, imagens de fotografias ou vídeos; isolamento e/ou exposição dos membros dos grupos; xingamentos e ofensas diretas ou indiretas, muitas vezes perpetradas por pessoas que se escondem em pseudônimos ou anonimato;

ameaças e intimidações ao usuário; convites para jogos eletrônicos considerados como predadores das vítimas na *internet*, entre outras categorias de postagens.

É o que relata o entrevistado Net2 ao explicar que "[...] é uma prática irresponsável a divulgação de conteúdo da vida alheia, seja por maldade, vaidade, falta de caráter ou brincadeira, e pode provocar danos irreparáveis e/ou irreversíveis. "

Net2 conta a triste experiência de seu filho que foi vítima de um usuário *fake* em um jogo que o induziu à morte,

> [...] (Júlio) estava estudando no primeiro ano do ensino médio e gostava muito de jogos pela Internet. Começou a frequentar um jogo chamado IMVU, onde era um avatar bem relacionado e poderoso com muitos recursos. Estava namorando uma garota, sob o nome de Fernanda. Não sabemos o sobrenome. Era um romance virtual, onde só conhecíamos a foto dela, que provavelmente era um *fake*. (Júlio) tinha muitos créditos no jogo, sala individual, roupas, acessórios e muitos amigos. Enfim, possuía uma aparência e um comportamento totalmente adverso da sua realidade. É um jogo muito famoso em todo o mundo e tem o mesmo estilo do *Second Life*. O IMVU é uma rede social em que você se torna um personagem em um mundo virtual 3D. Você monta um avatar e começa a viver uma vida *online*. Pode brincar, ir a festas, andar por aí, fazer compras, cuidar da sua casa, namorar e tudo mais da sua vida comum pode ser feito dentro desse mundo virtual. O jogo é como a evolução dos messengers em que você cria o seu personagem virtual e começa a bater papo com amigos, família ou qualquer outro personagem anônimo que você queira fazer amizade. Ficamos preocupados com a dedicação dele no jogo/romance, e tentamos de várias maneiras

envolvê-lo em outras atividades. Nos últimos tempos ele parecia ter se afastado mais do jogo, porém continuava em contato através de torpedos. Na noite do dia 6, domingo, todos foram dormir cedo e ele ficou no jogo até as 22 horas. Após esse momento, ele se comunicou com a namorada através de vários torpedos, até as 2 horas da madrugada do dia 7. Foram mensagens de acusação de traição, de simulação de suicídio, de revolta, xingamentos, repetidas alusões ao demônio, desejo de vingança e ela o incentivando ao suicídio. Ele pediu perdão muitas vezes pela traição, jurando amor eterno, no entanto ela não aceitou. Descobrimos na manhã seguinte, nosso filho enforcado na porta do seu quarto. Uma cena trágica de dor indescritível. Procuramos o motivo para tal absurdo no computador e no celular dele e dos irmãos, que ele usava algumas vezes. As mensagens nos esclareceu a terrível realidade: (Júlio) estava em conflito emocional e não estava mais conseguindo separar o mundo virtual da realidade. (Júlio) era um rapaz reservado, tinha poucos amigos, porém eram fiéis e duradouros. Era admirado pelos irmãos gêmeos, de 12 anos, e pelos primos, 14 e 17 anos. Toda a nossa grande família adorava e admirava (Júlio). Ele era muito carinhoso, abraçava e beijava sempre a nós e os parentes. Possuía uma presença visual atraente, além de ser muito espirituoso e inteligente. Também era um jovem com uma cultura diversificada. Tinha uma habilidade autodidata - aprendeu inglês, informática e tocar violão sozinho. Um jovem de 15 anos, cheio de vida e apaixonado, confuso e vítima dos perigos da Internet. (nome original modificado/sic).

O que se percebe no relato de Net2, é que jogos eletrônicos, facilmente encontráveis na *internet*, podem gerar dependência de seus usuários. No *site* do *Baixaki*, o interessado pode baixar o aplicativo do jogo do IMVU, sigla que significa *Instant Message Virtual Universe*, desde que seja qualquer pessoa maior de 18 anos e crie uma conta. Entretanto, essa regra de classificação de acesso pela faixa etária é inútil, pois pode ser feito por qualquer pessoa no atalho mediante *login* no *Facebook* ou no *Yahoo*.

No IMVU, o usuário monta seu perfil, o avatar, com cor dos olhos e cabelo, compleição física completa, adquire roupas de grife, ou seja, os participantes se apresentam em modelos diferentes do que são na vida real. A possibilidade de usar roupas caras, morar em cobertura, conversar com pessoas (avatares) de inúmeros perfis, chama a atenção dos jovens e dos adolescentes. Até animais de estimação virtuais podem ser adquiridos pelos participantes desde que efetuem o pagamento em moeda real. Os membros desse grupo mantêm contatos em salas de bate papo e *Get matched*, uma espécie de ambiente virtual para quem está interessado em manter um relacionamento afetivo com outros participantes (KARASINSKI, 2018).

O IMVU possui a concepção de um jogo virtual, mas que detém redes sociais embutidas em personagens modificados, anônimos, ambiente propício às práticas de violência como as narradas por Net2, porque aliciam os jovens a viverem em mundo perigoso de fantasia.

Outras experiências nefastas que são *cyberbullying* foram relatadas pelos estudantes das escolas pesquisadas, como foi o de (EC6) ao descrever a violência que sofreu ao receber apelido na rede social, e ter se automutilado,

> quando começaram a me apelidar, esses trem, aí eu comecei a ficar com a consciência meio pesada, nem queria ir pra escola e aí quando é lá em casa minha mãe normalmente não tem tempo e aí eu só vou ficando com a consciência mais pesada aí as meninas normalmente daqui da escola não

> gostam de mim também, eu nem sei, nem conhe-
> ço e já sem falando que não gostam, aí eu peguei
> e fui nê, ver, experimentar, aí depois da primeira
> vez é meio difícil pra parar mas aí que foram e
> falaram pra minha mãe, aí minha mãe começou a
> me ajudar [...].

A identificação dos jovens e adolescentes pelos nomes é muito importante para eles, porque além de ser parte integrante da personalidade, os distinguem de outras pessoas, dos amigos da escola. Ao serem chamados por apelidos pejorativos, como "jacaré", "negão", "cabeção", ou qualquer outro tipo de denominação e/ou conduta que depreciam a própria imagem, sentem-se humilhados, inferiorizados em relação aos colegas da escola.

Os comentários maldosos foram citados por vários entrevistados, como sendo uma modalidade de *cyberbullying* que geram tristeza e conflitos entre os envolvidos, exemplificadas por EC8:

> [...] Quando a pessoa posta a foto, não que eu faça isso, aí a pessoa vai nos comentários e posta, você tá muito feia, aí começa nê, num é só um comentário. Aí tem outras pessoas, meio que se juntam pessoas só pra falar mal... é isso que... (choro).

> [...] A pessoa que faz isso, ela às vezes não vê o risco que tem, mas... você só sabe como a outra se sente quando se coloca no lugar dela quando... acho... se a pessoa conhecesse realmente a outra ela não faria isso. E... quanto menos tiver, melhor a sociedade vai ficar porque já temos muitas guerras pra começar mais.

A necessidade de se sentirem amados, acolhidos, respeitados, e ouvidos foram valores citados pelos entrevistados. Nesse contexto, mensagens depreciativas e a utilização de imagens da vítima remodelada nos "memes" podem trazer implicações graves para a saúde e o bem-estar do jovem ou adolescente, porque são ridicularizados na *internet*. Para Seixas, Fernandes e Morais (2016, p. 166), os "memes" ultrapassam as fronteiras da brincadeira porque nem todas as pessoas que têm suas imagens alteradas na *internet* são resilientes em interpretarem essas ações como "uma piada, para os visados pode ter efeito devastador a nível pessoal, familiar, social, profissional [...]".

EC3 descreveu como os colegas o discriminavam por ter um problema na fala, em uma escola, ao afirmar que: "[...] sim, é porque, naquele tempo, eu 'ga-gaguejava' muito, ainda gaguejo, estou melhorando, aí eles ficavam me chamando de gaguim, essas coisas assim [...]".

As mensagens *on line*, inseridas propositalmente para ofender o destinatário explicadas como violências que abalam os entrevistados, foram definidas pela entrevistada ED2 como "[...] uma amiga minha ela tinha postado, nóis tinha primeiro brigado. Aí ela postou uma indireta pra mim, aí eu fiquei com raiva. [...] falando de algo em contrário, falando alguma coisa que atinge outra pessoa [...]".

Portanto, postar comentários maldosos em redes sociais como o *Facebook* e o *Instagram*, publicar listas com os nomes dos colegas de sala de aula que não gostam; discriminar os colegas pela cor de pele, orientação sexual ou compleição física; criar "memes com as fotografias dos amigos; postar mensagens com indiretas para atacar os amigos; apelidar os outros; publicar na linha do tempo da rede social com textos depreciativos; ingressar em jogos virtuais que criam avatares violentos ou da baleia azul; comentar sobre os relacionamentos amorosos, foram casos exemplificados pelos entrevistados das escolas visitadas que configuram *cyberbullying*.

5.4 A AUSÊNCIA DE PERCEPÇÃO DOS RISCOS E DANOS

Um ponto crucial a ser destacado é o fato de se identificar a percepção dos riscos e danos pelos estudantes. Essa importância é justificada, porque se o estudante, usuário da rede social, tem a noção do que sejam riscos e danos, pode adotar um comportamento diferenciado de navegação na *internet*.

Neste tópico, serão demonstradas as respostas dos estudantes e funcionários da escola sobre os perigos que a *internet* pode apresentar e os níveis de discernimento entre os riscos e danos sobre ações em redes sociais.

No item 2.6, os riscos foram caracterizados como uma situação de exposição a perigo face à vulnerabilidade das ações do usuário na rede *web* e categorizados em diversos modelos e formatos.

A Cartilha de Segurança para a *Internet*, criada pelo Comitê Gestor da *Internet* no Brasil de 2012, alerta que o uso do computador plugado na *internet* sem os devidos cuidados é uma situação de risco, porque pode ser invadido por *hackers* que se utilizam dos dados do internauta. O documento enumera várias espécies de riscos tais como: acesso a conteúdos inapropriados; furto e perda de dados; contato com pessoas mal intencionadas; invasão de privacidade e divulgação de boatos (*fake news*). As amostras dos dados coletados e gerados na pesquisa de campo das escolas municipais de Palmas, Tocantins, foram significativas para se aferir que os estudantes não sabem diferenciar riscos de danos em postagens na *internet*.

Do total dos estudantes entrevistados, 66,67 % responderam que não sabiam a diferença entre riscos e danos na *internet*. Essa questão é interessante, pois responderam com exatidão que tinham conhecimento dos procedimentos realizados nas redes sociais.

Gráfico 12 - Respostas dos estudantes sobre as diferenças entre riscos e danos na internet em %.

Faz uso de rede social durante as aulas?

Fonte: Elaborado pela autora.

O paradoxo na afirmativa de que os estudantes sabem surfar na rede *web* e, ao mesmo tempo, não possuem condições de distinguirem os riscos dos danos, corroboram com as informações dadas por eles ao afirmarem que se expõem em sítios perigosos como a *deep web*, inserem imagens exibindo o próprio corpo e informam dados de ordem pessoal na rede.

Preocupado com postagens dessa natureza o professor entrevistado EA1, afirmou:

> Muitos desses alunos acabam nos convidando para o *Facebook* e o *Instagram*, e aí a gente vê algumas fotos inapropriadas, nê. Eu mesmo já testemunhei, inclusive chamei a atenção de uma aluna aqui, eu falei "olha essa foto sua, ela está assim muito depravada pra tua idade, nê!", ela praticamente estava mostrando seus seios na foto. Uma menina de quatorze anos [...].

Essa ausência de percepção foi sentida nas respostas contraditórias dos estudantes, porque ao serem perguntados como faziam para incluir, modificar ou excluir postagens da *web*, explicaram como fazem essa operacionalização detalhada nas redes sociais.

Esse é um ponto essencial na pesquisa, pois indica a carência de informações nas escolas visitadas. Se do lado das escolas, todas elas impõem a proibição aos estudantes de usarem a *internet* por meio dos projetos pedagógicos e regimentos internos, exceto para as atividades em sala de aula; do outro, os estudantes infringem as regras, e se expõem aos perigos por não terem a real percepção dos riscos a que estão expostos, porque não foram devidamente orientados.

Essa exposição pode acarretar danos irrecuperáveis, como problemas de saúde física e mental, isolamento social, depressão e suicídio. Em uma das escolas visitadas, os entrevistados relataram emocionados o caso de uma estudante que foi vítima de *cyberbullying* e não suportou o sofrimento de boatos em grupos virtuais.

Casos como dessa estudante e várias outras vítimas com fim trágico evidencia que apesar de o usuário de uma rede social como o *Facebook*, propiciar a opção de arrependimento ao internauta para excluir o conteúdo de uma publicação, outros usuários podem, no pouco tempo que ficou disponível, fotografar, copiar e/ou compartilhar a postagem em outras redes sociais. A republicação desenfreada das postagens aumenta o sofrimento e acarreta a sensação de impunidade e fragilidade por parte das vítimas que não conseguem dar um fim na violência virtual.

5.4.1 O acesso irrestrito na *Internet* e a exposição dos dados pessoais

Apesar de alguns entrevistados terem mencionado sobre a navegação segura nas redes sociais, por outro lado, o acesso irrestrito em *sites* e/ou em *links* capazes de capturar os dados armazenados no computador e a exposição dos dados pessoais nas redes sociais, foram informados na pesquisa.

Nas entrevistas presenciais, verificou-se que a grande parte dos estudantes consegue alterar suas publicações, porque são autodidatas. Nenhum entrevistado citou que usa as informações de segurança das redes sociais como o *Facebook* e/ou o *Instagram*.

O acesso à *deep web*, apontado no tópico anterior, como um ambiente virtual perigoso, foi citado por alguns estudantes como uma aventura interessante para se ter acesso a livros que não são encontrados na *internet* regular, mas, também, um lugar de visualização de conteúdos eróticos e aquisição de drogas ilícitas. A chance de o usuário ter os dados pessoais copiados e o computador ser invadido por objeto de vírus, além da responsabilização criminal e civil por eventuais condutas ilegais é iminente para os internautas que se utilizam desse tipo de navegação na *internet*.

Portanto, a ausência de orientação para o acesso a uma *internet* segura é um campo fértil para que os jovens e adolescentes caiam em armadilhas de piratas virtuais e se tornem vítimas ao terem os dados pessoais e familiares informados na *internet*.

A exposição dos dados pessoais pode ser feita em qualquer lugar que os jovens e adolescentes estejam, seja em casa, no lazer, na escola. A proibição de usar o aparelho celular prescrita nos documentos de todas as escolas pesquisadas não tem efetividade, porque os professores, supervisores pedagógicos e gestores não têm esse controle.

Alguns professores, ao serem perguntados sobre o uso das redes sociais pelos estudantes, não se mostraram interessados com os problemas relacionados ao uso da *internet* na escola. Um dos professores entrevistados informou ainda que não usa rede social e que desconhece qualquer problema relacionado ao uso do celular pelos estudantes. Essa resposta destoa da realidade encontrada na escola.

Nas observações realizadas nas salas de aula e nos pátios das escolas visitadas, verificou-se que vários estudantes portavam e usavam o celular, alguns deles, em redes sociais. Os resultados das perguntas respondidas pelos entrevistados estudantes e professores divergem do que foi visualizado nos pátios e nas salas de aula das unidades escolares visitadas, porque apesar de afirmarem que não usavam as redes sociais na escola, a observação demonstrou o contrário. Ou seja, mesmo com as proibições dispostas nos documentos escolares e alertas dados pelos funcionários das escolas, vários estudantes foram vistos usando o aparelho celular e acessando as redes sociais.

5.5 O PAPEL DA FAMÍLIA OU RESPONSÁVEIS

O papel da família é de fundamental relevância para a prevenção dos riscos e danos que o *cyberbullying* pode ocasionar na vida dos estudantes, jovens e adolescentes.

As relações entre os pais ou responsáveis legais devem ser abertas, transparentes, dialogais, constituídas de convivência lastreada no afeto, carinho, amor e respeito mútuos. As famílias, organizadas em arranjos modernos, devem se estruturar na confiança para que os filhos relatem suas atividades rotineiras da escola, e contem o que fazem, como se sentem e do que precisam.

Em vários casos, as famílias, atabalhoadas em inúmeros compromissos sociais, em que o pai e a mãe trabalham, a ausência do tempo livre é óbice para que todos se reúnam para as refeições, ver TV ou conversar. Não é incomum os membros familiares estarem fisicamente reunidos e, ao mesmo tempo dispersos ou plugados em redes sociais.

Todavia, o fosso comunicacional é maior se o conhecimento da tecnologia e da *internet* de jovens e adolescentes for comparado à cognição da *web* pelos adultos. Essa lacuna tecnológica se explica em parte, porque os jovens e adolescentes aprendem a utilizar os aparelhos celulares ainda crianças, possuem facilidade no manuseio dos *smartphones* e a *internet* possibilita que conheçam e divulguem informações desconhecidas dos pais.

A evolução digital e a *internet* quebraram paradigmas quanto à troca de conhecimento entre jovens e adultos, entre filhos e pais. Embora ouve-se dizer que, "eu sou do tempo que os pais ensinavam os filhos, e que estes eram quem transmitiam o conhecimento adquirido aos descendentes", atualmente, são os filhos que ensinam os pais sobre os aplicativos sociais e a operabilidade da *internet*.

A exclusão digital e o desconhecimento do universo da *internet* pelos pais, em termos de benefícios e malefícios, os levam a formarem uma opinião preconceituosa sobre o uso das redes sociais pelos jovens e adolescentes. A *internet* não pode ser reduzida apenas a ser um ambiente hostil, perigoso, inóspito, de informações sem valor. Ao contrário, é um universo que deve ser respeitado por apresentar inúmeras opções de se obter informações de vários níveis e de qualquer temática que se pretenda pesquisar.

Por estas razões, os pais devem estar preparados para lidarem com informações novas que são inseridas cotidianamente na *internet*. Para exemplificar esse percurso, os livros que há uma década eram adquiridos predominantemente na via impressa, podem ser obtidos na forma digital, em *eBook*. Filmes e documentários, que eram vistos na televisão foram gravados em fita cassete e transmitidos paras serem vistos em videocassete – Vídeo Cassete *Recorder* (VCR) e, posteriormente, em *Digital Vídeo Disc* (DVD).

Com a *internet*, músicas, videoclipes, documentários e filmes podem ser vistos em computadores ou em celulares em qualquer lugar que a pessoa esteja, desde que tenha rede disponível. A democratização das informações é uma realidade que acompanha a evolução tecnológica e que os adultos, não estão preparados para compreender.

Essa dificuldade é percebida no relato dos diretores das escolas de Palmas/TO, ao serem pressionados pelos pais, a reprimirem e controlarem o uso do celular e da *internet*.

> [...] e também já estamos analisando a situação de mudar isso no regimento, tendo em vista que achamos que já está ultrapassado na escola, proibir o uso de celular na escola. Temos apenas que melhorar a utilização dele no dia a dia. [...] acho que é um tema bem complexo, recebi inclusive esses, acho que foi esse mês, um pai querendo proibir o uso do celular né, na escola, que a filha dele tava tendo contato com coleguinhas e tudo... aí eu fui explicar pra ele que, na verdade, a nossa ideia é abrir (riso), aí então eu fui percebendo que a situação é bem mais complicada que a gente imagina. Que a gente vai lidar com situações de famílias que não querem que o filho tenha acesso à internet e outras famílias que querem que tenha.

Outras situações interessantes são os relatos dos adolescentes ao contarem aos pais quando são vítimas em redes sociais, exemplo dado pela entrevistada, Diretora da escola "B",

> [...] os que têm liberdade, são mais espontâneo, eles nos procuram... e fazem a denúncia, tem outros que são através dos pais. Eles não se abrem aqui na escola, aí abrem pros pais e os pais procuram a escola. Mas nós sabemos que devem existir aqueles que não se abrem nem pros pais, nem na escola, e nós ficamos sabendo pelos colegas, e

outros acredito que passa sem a gente nem ficar sabendo. (sic)

As reuniões de pais, oportunidades relatadas pelos gestores escolares, servem para troca de experiências e de escuta para que ações positivas possam ser tomadas e repensadas quanto às violências *on line*.

5.6 ANÁLISE DAS POLÍTICAS PÚBLICAS DAS REDES SOCIAIS DO *FACEBOOK* E DO *INSTAGRAM*

No capítulo 4, foram tratadas as políticas públicas no cenário internacional, as normas constitucionais e infraconstitucionais e os Projetos de Lei em tramitação na Câmara dos Deputados e Senado Federal, no período de 2015 a 2017, relacionados ao fenômeno do *cyberbullying*.

Ao mesmo tempo, a autora pesquisou as políticas públicas encontradas nos dados gerados da coleta de campo, nos cinco grupos do *Facebook* e nas escolas visitadas em Palmas/TO. São ambientes presenciais e virtuais, em que a metodologia da netnografia foi importante para a verificação de possíveis modalidades de políticas públicas disponíveis aos usuários, a viabilidade de implementação e a utilização delas pelos jovens e adolescentes.

As plataformas das redes sociais mais citadas pelos entrevistados nas escolas, o *Facebook* e o *Instagram*, foram as eleitas para a análise, bem como as normas municipais e locais das unidades escolares visitadas.

Nos cinco grupos do *Facebook* em que a pesquisa foi realizada, constatou-se que seus membros são cautelosos com as publicações que compartilham. Os conteúdos de textos, imagens e vídeos postados têm atenção à política de dados da plataforma das redes sociais das quais são participantes.

Entretanto, são inúmeros os depoimentos dos membros desses grupos que foram vítimas de *cyberbullying* ao contarem sobre ações criminosas de pessoas que usam perfis falsos, no *Facebook*. Esse é o caso de Net3 ao solicitar ajuda ao grupo: "Olá pessoal preciso da sua ajuda para denunciar esta conta. É um perfil *fake* ele tem andado me assediando aproximadamente 2 anos. Obrigado!!".

Essas experiências dos usuários de redes sociais como o *Facebook* demonstram que é possível a pessoa se passar por outra na rede social. Por sua vez, a plataforma do *Facebook*, se compromete a remover conteúdos que promovam riscos no mundo real.

Nos atalhos de privacidade, o portal possui uma central de prevenção ao *bullying*, em parceria com o *Yale Center for Emotional Intelligence*, direcionado para jovens, pais, educadores no auxílio para dar suporte sobre casos de *cyberbullying*.

Nas políticas de privacidade e segurança dessa rede social, há *links* para que os jovens, pais e educadores tenham acesso a informações sobre os cuidados que o internauta deve ter e sugere recomendações que podem ser adotadas pelas escolas. Mesmo assim, tais regras não impedem que pessoas possam ser vitimadas das agressões virtuais.

Para minimizar situações de risco, o usuário pode optar para que seus dados pessoais sejam disponibilizados ao público e editáveis a qualquer tempo.

As ferramentas de privacidade ilustradas na figura 9, trazem questionamentos que podem ser respondidos pelo internauta tais como:

a) quem pode ver suas publicações futuras?

b) quem pode lhe enviar solicitações de amizade?

c) quem pode procurar você usando o número de telefone fornecido?

d) você deseja que mecanismos de pesquisa fora do *Facebook* se vinculem ao seu perfil?

Figura 9 - Página do Facebook: Configurações de privacidade

Fonte: capturado pela autora do *site* do *Facebook*.

De igual forma, o *Instagram* possui uma central de privacidade e de ajuda aos usuários. Entretanto, por apresentar uma plataforma mais simples, as políticas dessa rede social ficam escondidas na plataforma. A seguir algumas informações importantes, encontradas em busca no *Google*[4], e, portanto, desconhecidas por pessoas que usam essa rede social sobre situações de suicídio, contas falsas, discurso de ódio:

> **Autoflagelação**
>
> Fiquei preocupado com uma pessoa depois de ver o conteúdo que ela publicou sobre suicídio ou automutilação. O que posso fazer?
>
> Se alguém que você conhece está em perigo físico imediato, ligue para 190 ou 192 ou entre em

---
4. Adaptado de https://www.facebook.com/help/instagram/worried

contato com a autoridade policial local para obter ajuda.

Se o perigo físico não é imediato, há coisas que você pode fazer para ajudar:

Denuncie o conteúdo para que possamos contatar essa pessoa com informações que podem ajudá-la

Compartilhe recursos e informações de contato que possam ajudar essa pessoa

Ofereça apoio à pessoa ou contate um familiar, amigo, conselheiro ou professor que possa oferecer apoio

» Denuncie o conteúdo

Para denunciar uma publicação sobre suicídio ou automutilação:

1. Toque em ··· (iPhone) ou ⋮ (Android) abaixo da publicação

2. Selecione **Esta foto coloca pessoas em risco >**

» Prevenção de suicídio

Há atendentes treinados na National Suicide Prevention Lifeline online agora mesmo. Todas as conversas são confidenciais e gratuitas. Ligue para o número 1-800-273-8255 ou inicie um bate-papo.

Se você mora fora dos EUA ou deseja conferir outras linhas diretas, acesse nossa lista completa de recursos de prevenção.

» Automutilação

Nos EUA, no Reino Unido e na Irlanda, entre em contato com a Reach Out: 1-800-448-3000; http://us.reachout.com/facts/self-harm

Na Austrália, entre em contato com o headspace: 1800 650 890; http://headspace.org.au/get-info/self-harm

Em outros países, entre em contato com a Befrienders: 1-800-448-3000; http://www.befrienders.org/about-self-harm

» Ofereça apoio

Leve a situação a sério e veja os recursos para responder aos sinais de alerta de suicídio.

Se puder, não deixe de verificar se seu amigo tem acesso fácil a armas de fogo ou a altas doses de medicação.

Ouça com atenção, transmita carinho e evite oferecer soluções, a menos que o seu amigo as peça.

Valide as emoções de seu amigo ou amiga e diga o quanto eles são importantes para você

Esteja disponível, seja hoje ou no futuro. Acompanhe regularmente o caso com seu amigo para mostrar que você se importa.

» Conta com discurso de ódio

Denunciando assédio e bullying no Instagram.[5]

Se uma conta for estabelecida com a intenção de assediar ou praticar bullying contra outra pessoa, ou se uma foto/comentário tem a intenção de assediar ou praticar bullying contra alguém, denuncie. Você também pode descobrir o que fazer se achar que alguém está fingindo ser você ou outra pessoa no Instagram.

Após denunciar o abuso, considere bloquear a pessoa.

---

5. Disponível em: https://www.facebook.com/help/instagram/502946753134317?helpref=breadcrumb

Saiba como denunciar outras contas ou publicações que não seguem as Diretrizes da Comunidade (*Instagram*, 2018).

Em síntese, as recomendações das duas plataformas, *Facebook* e *Instagram* são frágeis, porque deveriam ser visíveis, fáceis de serem lidas e entendidas para quem precisar delas. As políticas do *Instagram* somente foram encontradas pela pesquisadora depois de buscas no *Google*, percurso que os internautas dificilmente irão fazer.

Apesar dessas políticas públicas traçarem diretrizes gerais, não respondem a contento aos problemas graves que os usuários podem ter, como por exemplo, o tempo que gastam para a remoção de conteúdos inadequados e perfis falsos nas redes sociais como uma das principais queixas registradas causadoras de *cyberbullying*.

5.6.1 A identificação das modalidades do *cyberbullying*, das práticas e violências *on line* em escolas de Palmas/TO

A Autora identificou algumas modalidades de *cyberbullying* que configuram nas práticas e acarretam violências *on line* nas escolas em Palmas/TO. O *cyberbullying* como fenômeno maltrata e vitimiza os estudantes, marca e os traumatiza, além de interferir no futuro dos jovens. O *cyberbullying* implica em situações de violência, ocultadas nas falas e olhares dos sujeitos, acobertadas pelos adultos por desconhecimento e acomodação, realidade que deve ser enfrentada com atenção por pais e responsáveis e pelos atores das escolas.

As modalidades do *cyberbullying*, encontradas nas 4 (quatro) escolas visitadas em Palmas/TO, são exemplificativas, porque o tempo e a coleta de amostragem foram curtos face à complexidade do problema pesquisado.

Entretanto, pode-se afirmar que o tripé da pesquisa foi configurado nas técnicas de observação, análise documental e aplicação de entrevistas aos estudantes e funcionários das escolas, sendo que as principais práticas de *cyberbullying* encontradas foram: a) notícias falsas sobre um (a) colega; b) os estudantes serem apelidados e não serem chamados pelos próprios nomes; c) captação indevida de imagens (fotografias e/ou vídeos) dos colegas e postagens sem autorização nas redes sociais, transformadas em "memes"; d) mensagens que objetivam alfinetar o (a) colega sobre sua compleição física, seu modo de falar ou vestir, sobre suas relações afetivas, as denominadas indiretas; e) o isolamento proposital da vítima pelos colegas; f) as ameaças de pôr fim a uma relação amorosa em aplicativos de jogos virtuais como o IMVU; g) a divulgação de imagens não autorizadas de nudes e/ou de relações sexuais.

Tais práticas foram encontradas na pesquisa netnográfica mista, ou seja, tanto nas escolas quanto nos (cinco) grupos do *Facebook* e evidenciam a violência do *cyberbullying* ao desmistificar que várias dessas ações são brincadeiras.

Os resultados das espécies de *cyberbullying* encontrados permitiram inferir que provocam consequências graves, quais sejam: automutilação; suicídio ou tentativa de suicídio; depressão; isolamento; medo e pânico social; tristeza; baixa estima; sensação de não pertencimento; baixo rendimento escolar; solidão e evasão da escola.

Dos dados coletados das entrevistas aplicadas aos estudantes, preferiu-se avaliar as respostas dadas nas duas escolas de tempo integral com o propósito de comparar com os registros das escolas de tempo parcial.

O gráfico 13 revela que dos estudantes entrevistados, 83,33% conhecem pessoas que tiveram depressão em decorrência de violência virtual; 25% deles sabem o significado de riscos e perigos na *internet*; 100%, sabem como inserir, apagar ou alterar mensagens na *internet* e como fazer amigos na rede; 25% usam as redes sociais durante as aulas; 79,17% conhecem pessoas que sofreram ou foram vítimas de violência virtual; 33,33% usam *internet* na escola e 16,67% possuem celular.

Com essa amostra é possível afirmar que nem todos os estudantes possuem celular, mas dentre aqueles que têm o aparelho, as chances de usar a *internet* são altas. Um outro dado relevante diz respeito a não saberem no que consistem os riscos e perigos da *internet* mesmo tendo respondido que sabiam como navegar na *web*. A afirmação de que sabem o que fazem é duvidosa ao demonstrarem desconhecimento dos significados dos riscos da *web*.

Gráfico 13 - **Respostas dos estudantes das Escolas em Tempo Integral**

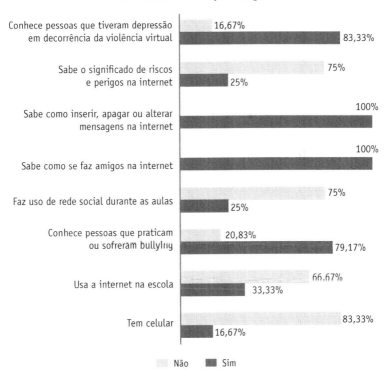

Fonte: Elaborado pela Autora.

Na modalidade presencial, percebe-se que o impacto na vida dos estudantes quando são vítimas do *cyberbullying*, com idade média de 13 a 15 anos no auge da adolescência é desastroso se não houver uma ação coletiva dos atores escolares. Essa inquietação deve ser impulsionada, em primeiro lugar para que os estudantes compreendam no que consiste o *cyberbullying*; saibam as consequências que o *cyberbullying* produz; conheçam quais as medidas podem ser criadas e implementadas para prevenir e reduzir os riscos e danos dessa espécie de violência virtual, questões que serão analisadas nos tópicos seguintes.

5.7 CRITÉRIOS DE PREVENÇÃO DA VIOLÊNCIA VIRTUAL COM O FOMENTO NAS RELAÇÕES INTERPESSOAIS BASEADAS NOS DIREITOS HUMANOS

Tratar da prevenção da violência virtual com base no fomento das relações interpessoais nas escolas é uma solução apontada por vários autores. Justifica-se esse entendimento, porque é preciso acreditar que a violência presencial ou virtual é uma realidade vivida e presenciada pelos estudantes dentro e fora das escolas (SMITH, 2009; CARVALHOSA, 2010; SHARIFF, 2011; LIMA, 2011; BLAYA, 2013).

Entretanto, para cada escola, faz-se necessário repensar quais serão os critérios que podem ser utilizados para que os gestores e professores possam aplicar medidas efetivas que tragam resultados satisfatórios quanto à prevenção de problemas relacionados ao *cyberbullying*. Sob esta vertente, a estrutura física, espacial, temporal e de pessoal disponível é de suma importância para que as relações interpessoais possam ser melhoradas no ambiente escolar.

Ao incrementar os direitos humanos como base na adoção de medidas que possam ser implementadas nas escolas, alguns valores são sopesados para que os estudantes tenham interesse e sintam-se tocados a participar ativamente como protagonistas das ações propostas pelos professores e gestores da escola aos quais estão vinculados.

Os direitos humanos como base e como princípio dessas ações são, portanto, fundamentais. As regras estabelecidas na escola como os regimentos internos devem ser coerentes com as ações vivenciadas pelos professores, supervisores pedagógicos, diretores escolares e estudantes. Dito de outro modo, se o regimento escolar prevê que o estudante deve respeitar o professor e vice e versa, o exemplo dessa conduta, deve partir do professor. Da mesma forma, se a regra escolar prevê que o estudante não pode usar o aparelho celular em sala de aula, o professor também não pode conversar ao celular enquanto ministra a aula.

Os valores relacionados aos direitos humanos são inerentes aos seres humanos e podem ser fortalecidos quando são, diariamente, praticados na escola. Os estudantes precisam entender que a liberdade, valor e princípio fundamental dos direitos humanos, está diretamente intrincada nos limites que pode ser exercida. Ou seja, a liberdade de ir, vir e ficar; a liberdade de expressão; a liberdade de reunião; entre outras, não são absolutas, podendo ser restringíveis se confrontadas como outros valores previstos na Constituição Federal de 1988 (BRASIL, 1988).

Os direitos humanos devem ser conhecidos e compreendidos pelas pessoas que frequentam a escola para servirem de suporte nas relações interpessoais. Piovesam (2009, p. 60) explica que eles, os direitos humanos, são

> em seu âmago, o exercício das potencialidades humanas, de forma livre, autônoma e plena. Requisito, condição e pressuposto deste exercício e o absoluto respeito à privacidade, à intimidade e à autodeterminação individual.

Em consonância a este entendimento, os quatro pilares da educação de Delors, para o século XXI, apresentam várias pistas e recomendações de uma educação voltada para os direitos humanos em um mundo globalizado. A construção das relações respeitosas entre

> professor e aluno, o conhecimento do ambiente em que vivem as crianças, a adequada utilização dos modernos meios de comunicação (nos lugares em que eles são operacionais), podem contribuir conjuntamente para o desenvolvimento pessoal e intelectual de cada aluno (DELORS, 2010).

As três pistas da educação de Delors (2010) têm conexão estreita e direta com os direitos humanos à medida que são baseadas no aprendizado do conhecimento (aprender a conhecer), na conciliação entre a cultura geral e ampla e o estudo mais aprofundado de assuntos reduzidos; o aprendizado da realização (aprender a fazer), nas competências que deem ao educando a aptidão necessária para o enfrentamento dos desafios profissionais; e, por último, o aprendizado de ser (aprender a ser), ao fomentar a autonomia pessoal concatenada à sensatez na resolução dos problemas ao longo da vida, com primazia na criatividade, espírito carismático, capacidade crítica e facilidade dialogal nas relações interpessoais.

Portanto, cabe à escola além de implementar medidas aplicadas em caráter de urgência para a resolução de conflitos violentos, ouvir, em reuniões periódicas, todos os sujeitos que frequentam a escola quais sejam: estudantes, pais e responsáveis, professores, funcionários da cozinha, da limpeza e da segurança, técnicos administrativos, entre outros, para repensar as necessidades da unidade de ensino.

A interlocução permanente entre todas estas pessoas é um sinal de respeito e que refletirá na efetividade das normas que poderão ser criadas democraticamente para o bem-estar no dia a dia da escola. De outro lado, a avaliação prévia dos problemas relacionados à violência dentro e fora da escola será otimizada quando as vítimas se sentem valorizadas na escuta de suas narrativas.

A elaboração de projetos pedagógicos escolares encomendados pelo gestor a terceiros, inclusive a professores, emergencialmente, sem a estruturação mínima de: missão, objetivo geral e específicos, histórico sucinto da unidade escolar, direitos e deveres de todos os atores escolares e referencial bibliográfico, demonstra falta de transparência e imposição hierárquica.

Deste modo, a criação, a formulação e aplicação das regras existentes em documentos da escola também devem ser previamente ajustadas com todos os envolvidos, o que reafirma a condição de sujeitos de um processo democrático que será conduzido no universo da escola.

A responsabilidade de todos os gestores da educação é permanente, porque o diretor da escola está subordinado à secretaria municipal de educação entre outras esferas de poder, que irão sugerir, monitorar e acompanhar os níveis de violência a partir da implementação dos documentos criados horizontalmente com a escuta de todos.

Quanto à possibilidade ou não de o estudante usar o aparelho celular no ambiente escolar, será também uma solução apontada pela maioria, em reuniões que antecederem à formulação das políticas para as situações de conflito. Os estudantes, representantes de salas de aula, devem ser convidados a participarem das reuniões de pais e/ou responsáveis para conhecerem as pautas dos problemas da escola nesse modelo transparente de gestão.

Verifica-se, entretanto, que nas perguntas direcionadas aos gestores, quanto ao uso do aparelho celular na escola e da *internet* pelos estudantes, as respostas dos diretores mostraram insegurança quanto a serem responsabilizados em caso de furto dos objetos eletrônicos e em caso de ilícitos civis e criminais praticados no ambiente escolar.

Dellors (2010, p. 14) sublinha que:

> [...] Com o desenvolvimento da sociedade da informação e a multiplicação das possibilidades de acesso a dados e fatos, a educação deve permitir que todos possam coletar, selecionar, ordenar, gerenciar e utilizar esse volume de informações e ordenar, gerenciar e utilizar esse volume de informações e servir-se dele. A educação deve, portanto, adaptar-se constantemente a essas mudanças da sociedade, sem negligenciar as vivências, os saberes básicos e os resultados da experiência humana.

O uso do celular não é o único responsável pela violência escolar. A violência é apenas o reflexo que aparece nas telas dos *mobiles phones*, carregados como instrumentos comunicacionais e que podem reverberar a violência que é praticada no interior da sala de aula e no pátio da escola.

Em síntese, os critérios baseados nas relações interpessoais com fomento nos direitos humanos que servirão para a prevenção da violência escolar estão diretamente conectadas no diálogo respeitoso entre os sujeitos que frequentam a escola exemplificados na escuta dos atores da escola; formulação de políticas internas após reuniões que deem aos envolvidos a oportunidade de narrarem os problemas e apresentarem sugestões de soluções; transparência nas ações implementadas na escola; horizontalidade na criação dos documentos escolares; coerência entre o comportamento dos gestores e professores e as regras cobradas dos estudantes; envolvimento e motivação em práticas pedagógicas que possam utilizar o aparelho celular e a *internet* na oportunização de saberes criativos e interlocução das escolas com as Secretarias de Educação em níveis municipais, estaduais até o Ministério da Educação.

O Ministério da Mulher, da Família e dos Direitos Humanos, informou em reunião com a equipe da Secretaria Nacional da Juventude (SNE), que irá apresentar projetos que tratem sobre o enfrentamento ao suicídio e automutililação dos jovens brasileiros (MDH, 2019, *on line*). Entretanto, as políticas públicas devem sair do discurso e do papel e mostrarem a que vieram. Em outras palavras, o diálogo entre os entes públicos deve ser contínuo para que as escolas tenham diretrizes claras para trilharem e terem condições de executarem os comandos da Lei n °. 13.185/2015 (BRASIL, 2015).

5.8 PROPOSTAS DE PROJETOS A SEREM IMPLEMENTADOS NAS ESCOLAS

Após a conclusão da análise dos achados na pesquisa de campo, sugerem-se dois planos de trabalhos a serem desenvolvidos nas escolas, em cinco etapas ou fases, denominados de Plano de Ações Afirmativas da Construção da Paz em Escolas de Tempo Integral (ETI) e Escolas de Tempo Parcial (ETP), com duração de 12 (doze) meses.

O primeiro deles é direcionado para as Escolas de Tempo Integral (ETI), onde os estudantes têm mais tempo disponível para o envolvimento para as atividades a serem desenvolvidas. São nelas, nas ETIs, que os estudantes possuem espaço para tarefas lúdicas, estéticas, artísticas.

Para as escolas de tempo integral, a primeira fase do projeto seria iniciada pela escuta preliminar de pais ou responsáveis legais, professores e demais funcionários da escola nas reuniões escolares com a finalidade de descobrir os principais problemas relacionados à violência de forma genérica. Ou seja, os interessados que comparecessem às reuniões, poderiam colaborar com narrativas de todas as espécies de violência que tivessem conhecimento, presenciais ou virtuais. Os depoimentos e testemunhos seriam registrados para pudessem ser melhor avaliadas juntamente com os estudantes que representam os seus pares nas salas de aulas.

A segunda fase seria sugerida uma proposta de atividades prevista na terceira fase que envolveria os representantes de turma e outros estudantes com espírito de liderança para que tomassem conhecimento das medidas a serem implementadas. As sugestões seriam, após a avaliação da Secretaria Municipal de Educação e dos gestores das escolas envolvidas, executadas com o auxílio dos estudantes que se manifestassem voluntariamente ou de pessoas convidadas e interessadas em participar do Projeto.

A terceira fase para a implementação das atividades formuladas seria composta de oito ações:

1. Organização de espaço reservado para depósito de denúncias escritas de violência (poderia ser feitas por escrito em livro ata) ou virtuais;

2. Realização de oficinas com abordagens diferenciadas da violência virtual, com grupos menores de até 20 estudantes;

3. Trabalhos com os estudantes em sala de aula em disciplinas variadas, utilizando-se as cartilhas disponíveis no *site* da *Safernet*;

4. Adoção de medidas criativas que estimulem a autoestima dos estudantes;

5. Registros por escrito em livro tipo ata em lugar estratégico na escola, sobre os casos de *cyberbullying*;

6. Palestras que esclareçam aos pais e professores sobre o uso da *internet*, redes sociais e a violência virtual;

7. Atualização das redes sociais das escolas em parceria com os estudantes;

8. Palestras aos gestores e supervisores pedagógicos sobre o cumprimento do art. 5º. e 6º. da Lei n º. 13.185/2015 (BRASIL, 2015).

Na quarta fase, mais audaciosa, sugere-se a celebração de parcerias com outras escolas, sejam públicas ou privadas, instituições governamentais interessadas na redução da violência como o sistema de justiça criminal e o Ministério Público, empresas locais do município de Palmas para o fomento das ações desenvolvidas e a divulgação das ações afirmativas exitosas em veículos de comunicação como a televisão e redes sociais.

A quinta e última fase se daria com a emancipação da escola em caminhar sozinha na manutenção e aprimoramento das ações desenvolvidas de redução das práticas de violência virtual.

As propostas não têm a pretensão de combater a violência virtual nas escolas, mas visa apresentar hipóteses que sejam compatíveis aos problemas encontrados e possíveis de serem implementadas. São também respostas ao cumprimento dos objetivos da Lei n °. 13.185/2015, desconhecidos nas escolas visitadas e que constituem

> [...] dever do estabelecimento de ensino, dos clubes e das agremiações recreativas assegurar medidas de conscientização, prevenção, diagnose e combate à violência e à intimidação sistemática (*bullying*).
>
> Art. 6º Serão produzidos e publicados relatórios bimestrais das ocorrências de intimidação sistemática (*bullying*) nos Estados e Municípios para planejamento das ações [...] (BRASIL, 2015).

O segundo Plano de Ações Afirmativas para a Construção de Paz (ETP) possui uma dimensão menor, tendo em vista que os estudantes ficam na escola em um único turno, seja matutino ou vespertino. As diretrizes da primeira e da segunda fase, seriam idênticas às mencionadas para as escolas de tempo integral, com a distinção na terceira fase, na implementação das atividades formuladas. Ou seja, o tempo a ser distribuído nas atividades sugeridas deveria ser adaptado na obtenção dos resultados desejados e na disponibilidade de tempo dos professores e estudantes.

Outra recomendação importante diz respeito à biblioteca e ao laboratório das escolas, lugares que os estudantes devem frequentar e fazer uso de todos os recursos disponíveis. Ambientes mal dimensionados, livros que não se encontravam visíveis para serem consultados, computadores estragados ou biblioteca utilizada como depósito de materiais diversos são problemas a serem solucionados pela direção da escola. Sabe-se que o orçamento das escolas não tem sido tratado com prioridade pelos agentes públicos.

Entretanto, é preciso planejar e direcionar a biblioteca e o laboratório ao fim a que são destinados, porque o estudante precisa de um local apropriado para fazer as pesquisas. De forma contrária, o alunado fica limitado à consulta ao livro didático insuficiente para a elaboração dos trabalhos escolares e perdem a oportunidade de produzir conhecimento. Uma biblioteca organizada e a disponibilização de computadores com *internet* para uso de consulta diária aos estudantes, monitorados por profissionais capacitados, criará um ambiente de pesquisa solidária e criativa.

A promoção de relações interpessoais baseadas nos valores e princípios dos direitos humanos fortalecem os laços e motivam os estudantes a participarem na construção ativa de atividades que fomentem a criatividade como a elaboração de maquetes; a produção de documentários; a elaboração de cartilhas; a construção de cartazes; entre outros.

O uso da *internet* nas aulas pode ser incentivado pelos professores. A clássica aula em que o professor fala e o estudante copia, (didática copista), aos poucos, tem condições de ser substituída por metodologias nas quais o estudante participa ativamente do processo de aprendizagem.

Se a escola possui uma rede social, pode convidar estudantes para monitorar a plataforma para evitar que postagens indevidas sejam inseridas por pessoas que tenham o objetivo de prejudicar a escola. Em vez de proibir as postagens dos estudantes, o estímulo à participação nos eventos escolares, para registros em imagens de fotografia e/ou vídeos e encaminhamentos a uma equipe composta de professores e alunos servirão na atualização do *site* e/ou *Facebook* da escola. Desse modo, a proibição ou a restrição ao uso do aparelho celular e à internet pode ser transformada em alternativas que viabilizem a inserção do estudante em inúmeras iniciativas que podem ser propostas pelos próprios atores escolares: estudantes, professores, supervisores pedagógicos e diretores.

O confinamento dos estudantes às paredes das escolas não é compatível em uma realidade em que grande parte dos jovens e adolescentes dominam as tecnologias digitais. Para Sibilia (2012, p. 196), são mudanças desafiantes no universo escolar porque "será preciso aprender a lidar com a volatilidade inerente ao campo virtual caracterizado pela condição evanescente da informação, perante a qual é preciso desenvolver estratégias ativas de apropriação".

O engajamento de todos: gestores, professores, funcionários da escola, pais e/ou responsáveis legais e estudantes é fundamental para o sucesso das ações propostas. Portanto, são eles que irão remodelar, caso necessárias, as ações propostas para que possam ser exequíveis concretamente para alcançarem o objetivo central que é o de prevenir a violência virtual na escola.

Considerações finais

É chegado o momento das considerações finais. Entretanto, nem todos os problemas formulados foram respondidos, pois surgiram, no decorrer da pesquisa, outras questões que se juntaram aos questionamentos iniciais. Por esta razão, a importância de se perceber que os problemas apontados podem levar a outras questões até mais relevantes e complexas, instiga a autora e o leitor na contínua busca do conhecimento.

No contexto da pesquisa, verificou-se que a velocidade da informação com o uso da *internet* é uma realidade. São tecnologias criadas e aprimoradas por grandes empresas com sedes espalhadas pelo planeta. A quantidade vultuosa de informações inseridas pela e na *internet,* é fato indiscutível e está disponível aos interessados incluídos na difusão digital. Bauman (2011b, p. 80) disserta que

> [...] no caso da massa de informações impenetráveis e impermeáveis, a situação é diferente: ela está toda ali, disponível e ao alcance da mão, embora se esquive de maneira irritante diante dos

esforços mais ousados de penetrá-la, digeri-la e assimilá-la. A massa de conhecimento acumulado se tornou o epítome da desordem e do caos [...].

Portanto, as informações acessíveis na *internet* passaram a ser, com o uso dos *mobiles phones*, armazenadas na palma da mão, nos bolsos das vestimentas e nas mochilas dos estudantes, bem próximas dos interessados. São informações de toda ordem, sobre inúmeras temáticas, inseridas na *internet* por pessoas físicas e jurídicas.

Além desse novo universo de informações, a *internet* propiciou, mediante a concepção das redes sociais, formatos antes impensados, de comunicação. O arquitetamento das comunidades virtuais como o *Facebook* e o *Instagram* ganharam força pela adesão de jovens e adolescentes pelo formato diferenciado, caracterizado na instantaneidade, volatilidade, fluidez, velocidade e assincronidade das mensagens. São ambientes que, neste trabalho, foram comparados às antigas praças das cidades, lugares onde as pessoas se encontravam para bater papo, tratar de negócios, marcar encontros afetivos, ler livros, entre outras finalidades.

As redes sociais, permitem que pais conversem com filhos que residam em outros continentes; que amigos se encontrem e reencontrem nos grupos virtuais; que postagens de textos, áudios e vídeos sejam curtidas nos *likes*; que datas de aniversários sejam celebradas; que lugares distantes sejam conhecidos. Oportunizam ainda, a junção de pessoas em microuniversos de grupos e subgrupos, para a troca de informações sobre interesses comuns.

Todavia, assim como no mundo real, a *internet* não está isenta de postagens e ou ações individuais ou coletivas que tenham conteúdos postados e mal intencionados como práticas de violência. O *bullying*, dolosamente perpetrado contra pessoas com a aspiração de causar sofrimento à vítima na via presencial, se praticado na *internet*, traduz a crueldade de quem o pratica. Denominado de *cyberbullying*, a versão virtual do *bullying*, tem um potencial poderoso de violência, porque a vítima não consegue se desvencilhar das consequências nefastas produzidas e reproduzidas na *internet*. São marcas indeléveis porque mesmo se a vítima conseguir na via administrativa ou judicial que o agressor ou o provedor da *internet* excluam as postagens indevidas, elas podem retornar a qualquer tempo, desde que alguém tenha feito cópia (*print*) das mensagens.

Nesse sentido, os problemas encontrados neste livro foram tratados com cuidado para que se pudesse compreender o fenômeno do *cyberbullying*. Para tanto, a escolha da metodologia qualitativa e netnográfica foi importante para o mergulho na técnica exploratória da inserção da pesquisadora nos campos de coleta e geração dos dados (KOZINETS, 2014). A netnografia permitiu, ao mesmo tempo, que a pesquisa fosse feita presencialmente nas quatro escolas visitadas e nos grupos do *Facebook*. Essa imersão simultânea em mundos diferentes, mas palpáveis por serem constituídos de pessoas reais, viabilizou que os resultados pudessem ser comparados e confrontados.

Foram encontrados jovens e adolescentes vítimas e autores do *cyberbullying*; projetos pedagógicos destoantes e desconhecidos pelos funcionários e estudantes das escolas; regulamentos contendo sanções equiparadas aos estatutos penais brasileiros com previsão de punições severas assemelhadas aos regramentos de escolas militarizadas; descumprimento das regras escolares pelos estudantes ao usarem o aparelho celular e a *internet* exclusiva da escola; atitudes lenientes de professores e gestores ao disfarçarem o desconhecimento da burla das regras escolares; modalidades diferenciadas das práticas de violência virtual caracterizadas pelas mensagens de texto irônicas e direcionadas às vítimas em postagens de memes; por parte das vítimas a constatação de sentimento de exclusão social, dificuldade de aprendizado, medo, tristeza; vulnerabilidades das vítimas por não se enquadrarem no padrão de aceitação social; ausência de capacitação dos atores escolares quanto à compreensão do *cyberbullying* e das ações que podem ser aplicadas em caráter preventivo e de redução da violência virtual e ausência de políticas públicas locais que tracem diretrizes de atendimento às pessoas envolvidas em situações de *cyberbullying* (estudantes - vítimas e agressores).

Essas afirmações são respaldadas em ações dos jovens e adolescentes exemplificadas nas brincadeiras em grupo, ao postarem conteúdos que expõem os colegas de escola a situações vexatórias e humilhantes, que ultrapassam o bom senso e a razoabilidade. Tratados como desviantes ou transgressores, os agressores podem ser punidos mediante a aplicação das sanções previstas nos regimentos escolares, uma tática de controle por parte da instituição de ensino (BECKER, 2008).

A comunicação nas redes sociais entre os adolescentes e jovens foi constatada no envio, reenvio e troca de textos, vídeos, fotografias, entre outras formas de relações interpessoais *on line*, que configuram em *cyberbullying*, quando a violência é percebida e sentida pelas vítimas.

Apesar de os entrevistados se mostrarem confiantes ao relatarem detalhes de ingresso e saída de grupos *on line*, na deleção de mensagens após a publicação na *web*, os estudantes das escolas visitadas não sabem o significado de riscos e danos do ambiente digital.

De outro lado, a reiteração dos pais ou responsáveis e dos atores escolares à proibição ao uso do aparelho celular e outras tecnologias que permitam acesso à *internet* na escola revelam insegurança e medo de todos na lida com o ambiente virtual. Ou seja, é preferível que a escola restrinja o uso do celular e acesso à *internet* para não incorrer no risco de ser responsabilizada por atos violentos praticados no seu ambiente.

Dessa forma, verifica-se que os regramentos escolares e a legislação existente não são suficientes para a violência perpetrada na e pela escola, no combate do *cyberbullying*. Estas afirmações são corroboradas pelos depoimentos emocionados de estudantes vítimas de *cyberbullying* na descoberta de corpos mutilados (automutilação); olhos desesperançados; falas inseguras, tristes e temerosas por punições. São percepções sentidas pela pesquisadora no ingresso em campo, tanto na modalidade presencial quanto na virtual.

Do lado da escola, os gestores, supervisores pedagógicos e professores, que tem boas intenções, não possuem a formação necessária para lidar com problemas muitas vezes desconhecidos, nesse universo virtual. A proibição do uso de tecnologias que conectam os estudantes à *internet*, prevista nos regimentos escolares e projetos pedagógicos é uma solução ineficaz.

A compreensão da linguagem e interesse da conexão virtual dos jovens e adolescentes é uma necessidade que se faz presente no universo escolar. Ou seja, é preciso repensar como a *internet* pode ser utilizada em uma nova dimensão do processo de ensino e aprendizagem.

Sem ter a pretensão de solucionar todas os problemas que circundam a violência virtual, a autora da pesquisa sugere ações pautadas na transparência e nos direitos humanos que podem ser implementadas nas escolas visitadas, no prazo de 12 (doze) meses. São propostas que respeitam o universo e a autonomia da escola que se mostrar interessada, após a oitiva em reuniões abertas a professores, pais e estudantes.

São, portanto, dois projetos intitulados de Plano de Ações Afirmativas da Construção da Paz nas Escolas em Tempo Integral (ETI) e Escolas em Tempo Parcial (ETP), que serão construídos coletivamente, lastreados na empatia com o outro e respeito às diferenças, descrito em detalhes no tópico anterior.

Os resultados colhidos, se eficazes, após a implementação das propostas, poderão suceder a outros produtos que reclassificarão o aporte das medidas para a divulgação e celebração de parcerias com entidades públicas e/ou privadas no município de Palmas.

Registre-se que não se buscará atribuir a culpa aos autores das violências encontradas ou às vítimas, muito menos aos atores escolares ou aos familiares dos envolvidos. Ao contrário, esta pesquisa seria o começo de uma nova etapa, de idealizar as condições da realização dos propósitos almejados para que pessoas em situação de violência e vulnerabilidade sejam capazes de reagir positivamente às agressões, de saber como, onde e a quem buscar ajuda.

Do ponto de vista do agressor, estudantes que nem sempre têm a consciência que causam sofrimento a outras pessoas ou que também são vitimizados em situações violentas, possam compreender que a brincadeira é permitida desde que não ultrapasse o tênue limite entre o brincar e o constranger.

Por fim, conclui-se que as políticas públicas em níveis locais, nacionais e internacionais são destoantes da prática no âmbito escolar. Os ditames dos regramentos legais existentes como a Lei nº. 13.185/2015, em vigor no Brasil, devem ser cumpridos pelos gestores das escolas. Entretanto, para que estas políticas sejam executadas, faz-se necessário que todos possam conhecê-las e compreendê-las.

Portanto, as medidas propostas nesta pesquisa, não têm o condão de exaurir os problemas relacionados à violência virtual, porém tem potencial para serem aceitas e implementadas como sendo o primeiro passo para o cumprimento das políticas públicas existentes e, por consequência, resultarem em redução de práticas virtuais violentas. É essa a sugestão do caminho a ser trilhado.

Referências

ABRAMOVAY, Miriam (Coord.). **Cotidiano das escolas:** entre violências. Brasília: Unesco, 2006. Professor estou em dúvida na citação dos documentos da UNESCO.

ABRAMOVAY, Miriam; CASTRO, Mary Garcia. **Juventude, juventudes:** o que une e o que separa. Brasília: Unesco, 2006.

ALMEIDA, Mário de Souza. **Elaboração de Projeto, TCC, dissertação e tese:** uma abordagem simples, prática e objetiva. São Paulo: Atlas, 2011.

ANDRADE, Eliane Ribeiro; FARAH NETO, Miguel. Juventudes e Trajetórias Escolares: conquistando o direito à educação. **(In) Juventudes: outros olhares sobre a diversidade.** (Org.) ABRAMOVAY, Miriam; ANDRADE, Eliane Ribeiro; ESTEVES, Luiz Carlos Gil. Brasília: Ministério da Educação, Secretaria de Educação Continuada, Alfabetização e Diversidade, Unesco 2007.

ANÍTUA, Gabriel Ignacio. **História dos pensamentos criminológicos.** Tradução de Sérgio Lamarão. Rio de Janeiro: Instituto carioca de Criminologia, 2008.

ARAÚJO, Sônia Maria dos Santos. *Cyberbullying*: palavra e imagens que trazem sofrimento. 1. ed. Palmas: Nagô Editora, 2017.

ARENDT, Hannah. **Entre o passado e o futuro.** 7. ed. 1. reimp. Tradução de Mauro W. Barbosa. São Paulo: Perspectiva, 2013.

_____. Hannah. **Sobre a violência.** Tradução de André de Macedo Duarte. Rio de Janeiro: Civilização Brasileira, 2009

BAECKER, Dirk. Niklas Luhmann in the society of the computer. *Cybernetics & Human Knowing:* A Journal of Second-Order Cybernetics, Autopoiesis, and Cyber-Semiotics. Vol. 1, pp. 25-40, 2006. Disponível em: https://www.google.com/search?q=BAECKER%-2C+Dirk.+Niklas+Luhmann+in+the+society+of+the+computer.+Cybernetics+%26+Human+Knowing%3A+A+Journal+of+Second-Order+Cybernetics%2C+Autopoiesis%-2C+and+Cyber-Semiotics.+Vol.+1%2C+pp.+25-40%2C+2006.++Dispon%C3%ADvel+em%3A+Acesso+em%3A+30+jul.+2018.+&ie=utf-8&oe=utf-8&client=firefox-b>. Acesso em: 30 jul. 2018.

BALBINO, Lucas. Adolescente morre ao tentar tirar selfie em cachoeira de MG. **Jornal Correio Brasiliense.** (*on line*). Disponível em:<https://www.correiobraziliense.com.br/

app/noticia/brasil/2018/09/24/interna-brasil,707859/adolescente-morre-ao-tentar-tirar-selfie-e-cair-em-cachoeira-de-mg.shtml>. Acesso em: 23 jan. 2019.

BAUMAN, Zygmunt. **Capitalismo parasitário:** e outros temas contemporâneos. Tradução Eliana Aguiar. Rio de Janeiro: Zahar, 2010.

_____. Zygmunt. **Vidas desperdiçadas.** Trad. Carlos Alberto Medeiros. Rio de Janeiro: Zahar, 2005.

_____. **Vida em fragmentos:** sobre ética pós-moderna. Tradução Alexandre Werneck. Rio de Janeiro: Zahar, 2011a.

_____. **Sobre educação e juventude:** conversa com Riccardo Mazzeo. Tradução Carlos Alberto Medeiros. Rio de Janeiro: Zahar, 2013.

_____. **44 cartas do mundo líquido moderno.** Tradução Vera Pereira. Rio de Janeiro: Zahar, 2011b.

BARATTA, Alessandro. **Criminologia crítica e crítica do direito penal:** introdução à sociologia do direito penal. Tradução e prefácio: Juarez Cirino dos Santos. 6. ed. Rio de Janeiro: Editora Revan: Instituto Carioca de Criminologia, 2011.

BECK, Ulrich; BECK-GERNSHEIM, Elisabeth. Global Generations and the Trap of Methodological Nationalism For a Cosmopolitan Turn in the Sociology of Youth and Generation. **European Sociological Review.** v. 25, number 1 2009 25–36 25 DOI:10.1093/esr/jcn032, available online at www.esr.oxfordjournals.org Online publication 23 November 2008. Disponível em: <https://academic.oup.com/esr/article-abstract/25/1/25/492842>. Acesso em: 13 fev. 2018.

BECKER, Howard Saul. **Outsiders:** estudos de sociologia do desvio. Tradução Maria Luiza X. de Borges; revisão técnica Karina Kuschnir. 1. ed. Rio de Janeiro: Jorge Zahar, 2008.

_____. **Falando da sociedade:** ensaios sobre as diferentes maneiras de representar o social. Tradução Maria Luiza X. de Borges; revisão técnica Karina Kuschnir Rio de Janeiro: Jorge Zahar, 2009.

BENTHAM, Jeremy [et al.]; **O panóptico.** Organização de Tomaz Tadeu; traduções de Guacira Lopes Louro, M. D. Magno, Tomaz Tadeu. 2. ed. Belo Horizonte: Autêntica Editora, 2008.

BERNTSSON, Elías; VALLEJO, Sabrina. **Cómo superar el bullying y sus secuelas em 2 etapas transformadoras.** (*Ebook*). Publicado por AumenandoMiAutestima.com. 2015.

BITENCOURT, Cezar Roberto. **Tratado de direito penal:** parte geral. 24. ed. São Paulo: Saraiva Educação, 2018.

BLAYA, Catherine. **Violências e maus-tratos em meio escolar.** Lisboa, Portugal: Instituto Piaget, 2006.

_____. **Os adolescentes no ciberespaço:** atitudes de riscos e ciberviolência. Lisboa, Portugal: Piaget, 2013.

BLASTING NEWS. **Jovem comete suicídio após nudes vazarem e fotos revelam algo assustador.** Disponível em:<https://br.blastingnews.com/brasil/2017/11/jovem-comete-suicidio-apos-nudes-vazarem-e-fotos-revelam-algo-assustador-002175695.html>. Acesso em: 29 ago. 2018.

BLACKBOARD. **Conceito.** Disponível em: <http://br.blackboard.com/about-us/who-we-are.aspx.>. Acesso em: 11 ago. 2017.

BLUMER, Herbert. **Symbolic interacionism:** perspective e method. Berkeley: University of Califórnia; 1969.

BRANT, Marcos Henrique Caldeira. ***Stalking–perseguição obsessiva.*** Belo Horizonte, 2013. Disponível em: <http://www.tjmg.jus.br/portal/imprensa/artigos/detalhe-5.htm#.VsNsfUBwrBt>. Acesso em: 18 jun. 2017.

REFERÊNCIAS

BRASIL. **Cerca de 48% dos brasileiros usam internet regularmente**. Disponível em: <http://www.brasil.gov.br/governo/2014/12/cerca-de-48-dos-brasileiros-usam-internet-regularmente>. Acesso em: 10 nov. 2017.

_____. Tribunal de Justiça do Rio Grande do Sul (RS). *Habeas Corpus* (HC) nº. 70055142970, Terceira Câmara Criminal, Tribunal de Justiça do RS, Relator: João Batista Marques Tovo, Julgado em 15/07/2013) (TJ-RS - HC: 70055142970 RS, Relator: João Batista Marques Tovo, Data de Julgamento: 15/07/2013, Terceira Câmara Criminal, Data de Publicação: Diário da Justiça do dia 12/08/2013).

_____. SUPREMO TRIBUNAL FEDERAL (STF). *Habeas Corpus* (HC) 81305/GO. Primeira Turma Julgadora dos Juizados Especiais da Comarca de Goiânia. Rel. ministro Ilmar Galvão. Pub. 22/02/2002. Parte: MARCELO CARMO GODINHO, MARCELO CARMO GODINHO, PP-00035 EMENT VOL-02058-02 PP-00306 RTJ VOL-00182-01 PP-00284. Julgamento: 13 de novembro de 2001 Disponível em: https://stf.jusbrasil.com.br/jurisprudencia/776037/habeas-corpus-hc-81305-go>. Acesso em: 11 ago. 2017.

_____. **Constituição (1988)**. Constituição da República Federativa do Brasil. Brasília. Senado Federal: Saraiva, 2017.

_____. **Decreto-Lei nº. 2.848**, de 7 de dezembro de 1940. Código Penal. Disponível em:<http://www.planalto.gov.br/ccivil_03/decreto-lei/del2848compilado.htm>. Acesso em: 10 abr. 2017.

_____. **Lei n. 11.340**, de 7 de agosto de 2006. Cria mecanismos para coibir a violência doméstica e familiar contra a mulher, nos termos do § 8º do art. 226 da Constituição Federal, da Convenção sobre a Eliminação de Todas as Formas de Discriminação contra as Mulheres e da Convenção Interamericana para Prevenir, Punir e Erradicar a Violência contra a Mulher; dispõe sobre a criação dos Juizados de Violência Doméstica e Familiar contra a Mulher; altera o Código de Processo Penal, o Código Penal e a Lei de Execução Penal; e dá outras providências. Disponível em: <http://www.planalto.gov.br/ccivil_03/_ato2004-2006/2006/lei/l11340.htm>. Acesso em: 12 jun. 2017.

_____. **Instituto Brasileiro de Geografia e Estatística (IBGE)**. Disponível em: http://www.ibge.gov.br/home/mapa_site/mapa_site.php#indicadores. Acesso em: 12 ago. 2017.

_____. Ministério da Educação. **Relatório Educação para Todos no Brasil**. 2000-2105 / Ministério da Educação. – Brasília: MEC, 2014. 105, p. Disponível em: <http://unesdoc.unesco.org/images/0023/002326/232699por.pdf>. Acesso em: 24 abr. 2017.

_____. **Ministério da Educação (MEC)**. Hospitais universitários prestam apoio psicossocial contra suicídio. Disponível em: <http://portal.mec.gov.br/index.php?option=com_content&view=article&id=48241>. Acesso em: 22 maio 2017.

_____. **Sistema Nacional de Ética em Pesquisa envolvendo seres Humanos. (SINESP)**. Disponível em:<http://portal2.saude.gov.br/sisnep/Menu_Principal.cfm>. Acesso em: 20 maio 2017.

_____. **Instituto Brasileiro de Geografia e Estatística (IBGE)**. Disponível em: <http://www.ibge.gov.br/home/presidencia/noticias/imprensa/ppts/0000002405241 1102015241013178959.pdf>. Acesso em: 28 ago. 2016.

_____. **Instituto Brasileiro de Geografia e Estatística (IBGE)**. Disponível em: http://cidades.ibge.gov.br/xtras/temas.php?lang=&codmun=172100&idtema=130&search=-tocantins|palmas|estimativa-da-populacao-2016->. Acesso em: 18 jan. 2017.

_____. **Internet permite novas dimensões à prática do bullying**. Disponível em: <www.safernet.org.br/site/noticias/internet-permite-novas-dimensões-à-prática--bullying>. Acesso em: 10 ago. 2017.

_____. **Internet permite novas dimensões à prática do bullying.** Disponível em: <ww. safernet.org.br/site/noticias/internet-permite-novas-dimensões-à-prática-bullying>. Acesso em: 13 jun. 2017.

_____. **Lei nº. 12.965,** de 23 de abril de 2014. Estabelece princípios, garantias, direitos e deveres para o uso da Internet no Brasil. Disponível em:< http://www.planalto. gov.br/ccivil_03/_ato2011-2014/2014/lei/l12965.htm>. Acesso em: 10 set. 2017.

_____. **Decreto n 8.771,** de 11 de maio de 2016. Regulamenta a Lei nº 12.965, de 23 de abril de 2014, para tratar das hipóteses admitidas de discriminação de pacotes de dados na internet e de degradação de tráfego, indicar procedimentos para guarda e proteção de dados por provedores de conexão e de aplicações, apontar medidas de transparência na requisição de dados cadastrais pela administração pública e estabelecer parâmetros para fiscalização e apuração de infrações. Disponível em: http://www.planalto.gov.br/ccivil_03/_Ato2015-2018/2016/Decreto/D8771.htm.   Acesso em: 18 jun. 2017.

_____. **Lei nº. 8.069,** de 13 de julho de 1990. Dispõe sobre o Estatuto da Criança e do Adolescente e dá outras providências.   Disponível em:<http://www.planalto.gov.br/ ccivil_03/leis/L8069.htm>. Acesso em: 10 abr. 2017.

_____. **Lei nº.11.829,** de 25 de novembro de 2008. Altera a lei nº 8.069, de 13 de julho de 1990 - Estatuto da Criança e do Adolescente, para aprimorar o combate à produção, venda e distribuição de pornografia infantil, bem como criminalizar a aquisição e a posse de tal material e outras condutas relacionadas à pedofilia na internet. Disponível em:<http://www.planalto.gov.br/ccivil_03/_ato2007-2010/2008/lei/l11829. htm#art2>. Acesso em: 18 jun. 2017.

_____. **Projeto de Lei nº. 5.369,** de 2009. Institui o combate ao bullying. Disponível em:<http://www.camara.gov.br/proposicoesWeb/fichadetramitacao?idProposicao=437390>. Acesso em: 15 jun. 2017.

_____. **Lei nº. 12.852,** de 5 de agosto de 2013. Institui o Estatuto da Juventude e dispõe sobre os direitos dos jovens, os princípios e diretrizes das políticas públicas de juventude e o Sistema Nacional de Juventude -SINAJUVE. Disponível em: http://www.planalto.gov.br/ccivil_03/_ato2011-2014/2013/lei/l12852.htm>. Acesso em: 10 abr. 2017.

_____. **Decreto nº 8.162,** de 18 de dezembro de 2013. Aprova a Estrutura e o Quadro Demonstrativo dos Cargos em Comissão e das Funções de Confiança da Secretaria de Direitos Humanos da Presidência da República e remaneja cargos em comissão. Disponível em: <http://www.planalto.gov.br/ccivil_03/_Ato2011-2014/2013/Decreto/D8162.htm>. Acesso em: 16 set. 2017.

_____. Ministério da Justiça. Conselho Nacional de Política Criminal e Penitenciária (CNPCP). **Resolução nº. 3/2009.** Dispõe sobre as diretrizes nacionais para a oferta de educação nos estabelecimentos penais. Disponível em: http://portal.mec.gov.br/index.php?option=com_docman&task=doc_download&gid=10028&Itemid=>.   Acesso em: 10 nov. 2016.

_____. **Decreto nº. 7.626,** de 24 de novembro de 2011. Institui o Plano Estratégico de Educação no âmbito do Sistema Prisional. Presidência da República. Subchefia para assuntos jurídicos. Disponível em:<http://www.planalto.gov.br/ccivil_03/_Ato2011-2014/2011/Decreto/D7626.htm>. Acesso em: 20 set. 2016.

_____. **Projeto conceitua bullying e propõe combate à violência nas escolas.** Disponível em: <http://www12.senado.leg.br/cidadania/edicoes/511/projeto-conceitua-bullying-e-propoe-combate-a-violencia-nas-escolas>. Acesso em: 15 set. 2017.

REFERÊNCIAS

_____. **Código de Processo Penal.** Decreto-Lei nº. 3.689, de 3 de outubro de1941. Disponível em: <https://www.planalto.gov.br/CCiViL_03/Decreto-Lei/Del3689.htm>. Acesso em: 13 abr. 2017.

_____. FIOCRUZ. **Cyberbullying e casos de suicídio aumentam entre os jovens.** Disponível em:<https://agencia.fiocruz.br/cyberbullying-e-casos-de-suic%C3%ADdio-aumentam-entre-jovens>. Acesso em: 29 ago. 2016.

_____. **Projeto de Decreto Legislativo nº. 47/2015.** Disponível em: http://www2.camara.leg.br/proposicoesWeb/fichadetramitacao?idProposicao=1214850>. Acesso em: 15 out. 2016.

_____. **Projeto de Lei nº. 1.671/2015.** Institui a realização de campanhas publicitárias no Rádio e na Televisão para combater o assédio moral (*bullying*) e o assédio moral virtual (*cyberbullying*) e dá outras providências. Disponível em:<http://www2.camara.leg.br/proposicoesWeb/fichadetramitacao?idProposicao=1280828>. Acesso em: 20 abr. 2017.

_____. **Projeto de Lei nº. 8058/2014.** Institui processo especial para o controle e intervenção em políticas públicas pelo Poder Judiciário e dá outras providências. Disponível em: http://www.camara.gov.br/proposicoesWeb/fichadetramitacao?idProposicao=687758>. Acesso em: 1 dez. 2016.

_____. **Projeto de Lei nº. 68/2013.** Institui o Programa de Combate à Intimidação Sistemática (*Bullying*). Disponível em: <http://www25.senado.leg.br/web/atividade/materias/-/materia/114433>. Acesso em: 1 dez. 2015.

_____. **Projeto de Lei nº. 21/2013.** Altera o Decreto-Lei nº 2.848, de 7 de dezembro de 1940 - Código Penal, para tipificar o crime de prática do bullying virtual. Disponível em:<http://www25.senado.leg.br/web/atividade/materias/-/materia/110545>. Acesso em: 1 dez. 2016.

_____. **Projeto de Lei nº. 1.011/2011.** Define o crime de Intimidação escolar no Código Penal Brasileiro e dá outras providências. Disponível em: <http://www2.camara.leg.br/proposicoesWeb/fichadetramitacao?idProposicao=498107>. Acesso em: 1 dez. 2016.

_____. **Projeto de Lei nº. 5.369/2009.** Institui o Programa de Combate ao "Bullying". Disponível em: http://www2.camara.leg.br/proposicoesWeb/fichadetramitacao?idProposicao=437390. Acesso em: 1 dez. 2016.

_____. **Projeto Humaniza Redes:** O que é. Disponível em: <http://www.humanizaredes.gov.br/o-que-e/>. Acesso em: 15 out. 2016.

_____. SAFERNET. **Brasil indicadores.** Disponível em: <http://indicadores.safernet.org.br/>. Acesso em: 15 nov. 2016.

_____. **Pesquisa sobre o Uso da Internet por Crianças e Adolescentes no Brasil.** [livro eletrônico]: TIC Kids Online Brasil 2014. Survey on internet use by children in Brazil: ICT Kids online Brazil 2014. [coordenação executiva e editorial/executive and editorial coordination Alexandre F. Barbosa]. São Paulo: Comitê Gestor da Internet no Brasil, 2015. Disponível em: <http://www.cetic.br/media/docs/publicacoes/2/tic-kids-online-2013.pdf>. Acesso em: 29 ago. 2016.

_____. **Pesquisa sobre o uso da internet por crianças e adolescentes no Brasil.** [livro eletrônico]: TIC Kids online Brasil 2015. Survey on internet use by children in Brazil: ICT Kids online Brazil 2015 / Núcleo de Informação e Coordenação do Ponto BR, [editor]. -- São Paulo: Comitê Gestor da Internet no Brasil, 2016. 3.700 Kb; PDF. Disponível em: <https://www.cgi.br/media/docs/publicacoes/2/TIC_Kids_2015_LIVRO_ELETRONICO.pdf>. Acesso em: 11 maio 2017.

_____. **O uso da internet por adolescentes.** Brasília: Fundo das Nações Unidas para a Infância (UNICEF), 2013. Disponível em: <http://www.unicef.org/brazil/pt/br_uso_internet_adolescentes.pdf>. Acesso em: 27 ago. 2016

_____. **Projeto de Lei nº. 413 de 2014.** O presente Projeto de Lei Complementar visa responder especificamente às disposições do artigo 23 da Constituição Federal, acelerada, agora, pela recente sanção da Lei no13.005/2014 que estabelece o Plano Nacional de Educação e dá outras providências. Disponível em:<http://www.camara.gov.br/proposicoesWeb/fichadetramitacao?idProposicao=620859>. Acesso em: 30 ago. 2016.

_____. **Lei nº. 13.005,** de 25 de junho de 2014. Aprova o Plano Nacional de Educação – PNE e dá outras providências. Disponível em: http://www.planalto.gov.br/CCIVIL_03/_Ato2011-2014/2014/Lei/L13005.htm. Acesso em: 30 ago. 2016.

_____. **Projeto de Lei nº. 1671 de 2015.** Institui a realização de campanhas publicitárias no Rádio e na Televisão para combater o assédio moral (*bullying*) e o assédio moral virtual (*cyberbullying*) e dá outras providências. Disponível em: <www2.camara.gov.br/proposicoesWeb/fichadetramitacao?idProposicao=1280828>. Acesso em: 24 jan. 2018.

_____. **Projeto de Lei nº. 3686 de 2015.** Tipifica o crime de intimidação sistemática (*Bullying*), prevendo causa de aumento se a conduta for realizada por meio da internet (*Cyberbullying*). Disponível em: <http://www.camara.gov.br/proposicoesWeb/fichadetramitacao?idProposicao=1280828>. Acesso em: 24 jan. 2018.

_____. **Projeto de Lei nº. 2801/2015.** Altera a Lei Federal nº 9.394/1996 - que Estabelece as diretrizes e bases da educação nacional, para acrescentar finalidade ao Ensino Médio no sentido de incluir a necessidade de educação quanto aos meios telemáticos de comunicação e comportamento e tecnologia. Disponível em: <http://www.camara.gov.br/proposicoesWeb/fichadetramitacao?idProposicao=1700633>. Acesso em: 24 jan. 2018.

_____. **Projeto de Lei n 1077/2015.** Altera a Lei nº 9.394, de 20 de dezembro de 1996, que estabelece as diretrizes e bases da educação nacional, para incluir no currículo oficial da rede de ensino a obrigatoriedade da temática "Educação e Segurança Digital". Disponível em: http://www.camara.gov.br/proposicoesWeb/fichadetramitacao?idProposicao=1199090>. Acesso em: 24 jan. 2018.

_____. **Projeto de Lei n 6.633 de 2016.** Obriga a inclusão da Educação Digital no currículo escolar dos ensinos infantil e fundamental. Disponível em: <http://www.camara.gov.br/sileg/integras/1516508.pdf>. Acesso em: 24 jan. 2018.

_____. **Projeto de Lei nº. 5.663 de 2016.** Obriga a inclusão da Educação Digital no currículo escolar dos ensinos infantil e fundamental. Disponível em: <http://www.camara.gov.br/sileg/integras/1516508.pdf.>. Acesso em: 24 jan. 2018.

_____. **Projeto de Lei nº. 171 de 2017.** Altera o art. 12 da Lei nº 9.394, de 20 de dezembro de 1996, para incluir a promoção de medidas de conscientização, de prevenção e de combate a todos os tipos de violência e a promoção da cultura de paz entre as incumbências dos estabelecimentos de ensino. Disponível em: <http://www25.senado.leg.br/web/atividade/materias/-/materia/131995>. Acesso em: 24 jan. 2018.

_____. **Projeto de Lei nº. 6.885 de 2017.** Altera o art. 26 da Lei nº 9.394, de 20 de dezembro de 1996, que estabelece as diretrizes e bases da educação nacional, para tornar obrigatória a informática educativa em todos os níveis da educação básica. Disponível em: http://www.camara.gov.br/proposicoesWeb/fichadetramitacao?idProposicao=2123440. Acesso em: 24 jan. 2018.

REFERÊNCIAS

_____. **Projeto de Lei nº. 7.629 de 2017.** Altera a Lei nº 9.394, de 20 de dezembro de 1996, que estabelece as diretrizes e bases da educação nacional, para incluir no currículo oficial da rede de ensino a obrigatoriedade da temática "Educação Digital". Disponível em: <http://www.camara.gov.br/sileg/integras/1560888.pdf>.Acesso em: 24 jan. 2018.

_____. **Projeto de Lei do Senado Federal (PLS) nº. 163 de 2017.** Dispõe sobre a Semana Nacional de Valorização da Vida. Disponível em: <https://www25.senado.leg.br/web/atividade/materias/-/materia/129316>. Acesso em: 24 jan. 2018.

_____. **Lei nº. 13.185**, de 6 de novembro de 2015. Institui o Programa de Combate à Intimidação Sistemática (*Bullying*). Disponível em: <http://www.planalto.gov.br/ccivil_03/_Ato2015-2018/2015/Lei/L13185.htm>. Acesso em: 10 jan. 2017.

_____. **Lei nº 13.431, de 4 de abril de 2017. Estabelece o sistema de garantias de direitos da criança e do adolescente vítima ou testemunha de violência e altera a Lei nº** 8.069, de 13 de julho de 1990 (Estatuto da Criança e do Adolescente). Disponível em:<http://www.planalto.gov.br/ccivil_03/_ato2015-2018/2017/lei/L13431.htm>. Acesso em: 3 mar. 2017.

_____. **Lei nº. 9.394**, de 9 de dezembro de 1996. Estabelece as diretrizes e bases da educação nacional. Disponível em: <http://www.planalto.gov.br/ccivil_03/leis/L9394.htm>. Acesso em: 11 ago. 2017.

_____. **Decreto nº. 99.710,** de 21 de novembro de 1990. Promulga a Convenção sobre os Direitos da Criança. Disponível em: http://www.planalto.gov.br/ccivil_03/decreto/1990-1994/d99710.htm>. Acesso em 11 ago. 2017.

_____. **Emenda Constitucional (EC) nº. 65**, de 13 de julho de 2010. Altera a denominação do Capítulo VII do Título VIII da Constituição Federal e modifica o seu art. 227 para cuidar dos interesses da juventude. < http://www.planalto.gov.br/ccivil_03/constituicao/emendas/emc/emc65.htm>. Acesso em: 11 ago. 2017.

_____. **Decreto-Lei nº. 3.688**, de 3 de outubro de 1941. Lei das Contravenções Penais (LCP). Disponível em: http://www.planalto.gov.br/ccivil_03/decreto-lei/Del3688.htm. Acesso em: 11 ago. 2017.

_____. **Censo Escolar da Educação Básica 2016.**Instituto Nacional de Pesquisas Educacionais Anísio Teixeira (INEP) da Educação (INEP). Escolar da. Disponível em: <http://download.inep.gov.br/educacao_basica/censo_escolar/notas_estatisticas/2017/notas_estatisticas_censo_escolar_da_educacao_basica_2016.pdf>. Acesso em: 23 abr. 2017.

_____. **Relatório Educação para todos.** Ministério da Educação. Brasília: MEC, 2014, 105 p. Disponível em: http://www.crianca.mppr.mp.br/arquivos/File/publi/mec/relatorio_educacao_para_todos_no_brasil_2015.pdf>. Acesso em: 25 abr. 2017.

_____. **Quem são os jovens brasileiros?** Instituto de Pesquisa Econômica Aplicada (IPEA). Disponível em: <http://www.ipea.gov.br/portal/index.php?option=com_content&view=article&id=2785/&catid=10&Itemid=>. Acesso em: 20 maio 2017.

_____. Presidência da República. Secretaria Especial de Comunicação Social. **Pesquisa brasileira de mídia 2016**: hábitos de consumo de mídia pela população brasileira. Brasília: Secom, 2016.

_____. Ministério da Mulher, da Família e dos Direitos Humanos. SNJ se reúne com ministra da Mulher, da Família e dos Direitos Humanos, Damares Alves. Disponível em:< http://www.mdh.gov.br/todas-as-noticias/2019/janeiro/snj-se-reune-com-ministra-da-mulher-da-familia-e-dos-direitos-humanos-damares-alves>. Acesso em: 25 jan. 2019.

CALIMAN, Geraldo. **Paradigmas da exclusão social**. Brasília: Editora Universa, UNESCO, 2008.

_____ (Org.). **VIOLÊNCIA e direitos da exclusão social**. Brasília: Universa, UNESCO, 2008. Direitos humanos: espaços da educação. Brasília: Liber Livro, 2013.

CARVALHO, Virgínia Donizete de; BORGES, Livia de Oliviera de; RÊGO, Denise Pereira do. Interacionismo Simbólico: Origens, Pressupostos e Contribuições aos **ESTUDOS EM PSICOLOGIA SOCIAL PSICOLOGIA CIÊNCIA E PROFISSÃO**. 30 (1), p. 146-161, 2010.

CARVALHOSA, Susana. **Prevenção da violência e do bullying em contexto escolar**. Lisboa: CLIMEPSI Editores, 2010.

CHAT. **Conceito de *Chat***. Disponível em: <http://conceito.de/chat>. Acesso em: 11 ago. 2017.

CASTELLS, Manuel. **A galáxia da internet**: reflexões sobre a internet, os negócios e a sociedade. Tradução de Maria Luiza X. de A. Borges; revisão Paulo Vaz. Rio de Janeiro: Zahar, 2003.

_____. **A sociedade em rede**. 8. ed. tradução Roneide Venancio Majer. São Paulo: Paz e Terra, 2005.

COMPARATO, Fábio Konder. **A afirmação histórica dos direitos humanos**. 7. ed. rev. e atual. São Paulo: Saraiva, 2010.

COMTE. Augusto (1947). **Discurso preliminar sobre o espírito positivo**. Tradução de Renato Barbosa Rodrigues Pereira. 2002. Disponível em:<http://www.ebooksbrasil.org/adobeebook/comte.pdf>. Acesso em: 20 jan. 2018.

COMITÊ GESTOR DA INTERNET (CGI.br). **Pesquisa sobre o uso da internet por crianças e adolescentes no Brasil** [livro eletrônico]: TIC Kids online Brasil 2015 = Survey on internet use by children in Brazil : ICT Kids online Brazil 2015 / Núcleo de Informação e Coordenação do Ponto BR, [editor]. -- São Paulo: Comitê Gestor da Internet no Brasil, 2016. 3,700 Kb; PDF

COHEN, Alber K. **Transgressão e controle**. Tradução de Miriam L. Moreira Leite. São Paulo: Livraria Pioneira Editora, 1968.

COMITÊ GESTOR DA INTERNET NO BRASIL (CGI.br). TIC Kids on line Brasil 2014. **Pesquisa sobre o uso da Internet por crianças e adolescentes**. São Paulo: 2015.

Convenção Americana dos Direitos Humanos. Pacto de San José da Costa Rica. <http://www.planalto.gov.br/ccivil_03/decreto/1990-1994/anexo/and678-92.pdf>. Disponível em: 5 jul. 2017.

COOLEY, Charles Horton. *Human Nature and the Social Order*. New York: Charles Scribner's Sons, 1902.

CUSTÓDIO, Monica. **Como preparar uma transmissão no *YouTube Live***. Disponível em: <https://resultadosdigitais.com.br/blog/como-preparar-uma-transmissao-no-youtube-live/>. Acesso em: 1 jul. 2017.

Declaração do Panamá. X Cúpula Iberoamericana de Chefes de Estado e de Governo. Disponível em: <https://www.unicef.org/brazil/pt/resources_10141.htm>. Acesso em: 5 jul. 2017.

Declaração Universal dos Direitos Humanos. Disponível em:<http://unesdoc.unesco.org/images/0013/001394/139423por.pdf>. Acesso em: 5 jul. 2017.

DELLORS, Jaques et al. **Educação um tesouro a descobrir**: relatório para a UNESCO da Comissão Internacional sobre Educação para o Século XXI. Tradução de Guilherme João de Freitas Teixeira. São Paulo: Faber Castells, 2010. Disponível em: https://unesdoc.unesco.org/ark:/48223/pf0000109590_por>. Acesso em: 2 jan. 2019.

DEMO, Pedro. **Metodologia do conhecimento científico**. 1. ed. 9. reimp. São Paulo: Atlas, 2011.

REFERÊNCIAS

BOYD, M. Boyd; ELLISON, B. Nicole. Social network sites: Definition, history, and scholarship. **Journal of Computer-Mediated Communication.** v.13, n.11, article 11, 2007, p. 210-229. Disponível em: <http://jcmc.indiana.edu/vol13/issue1/boyd.ellison.htm>. Acesso em: 4 abr. 2018.

DILTHEY, Wilhelm. **Introdução às ciências humanas:** tentativa de uma fundamentação para o estudo da sociedade e da história. Tradução Marco Aurélio Casanova. Rio de Janeiro: Gen; Forense, 2010.

DUARTE, Victoria. Cyberbullying (Blog). **O caso de uma adolescente.** Disponível em: <http://cyberbullyingcmbh2013.blogspot.com.br/2013_04_01_archivetml>. Acesso em: 2 ago. 2017.

DUMONT, Fernando (Org.). **Une societé des jeunes?** Quebéc, IQRC, 1986.

ERIKSON. Erik H. **Identidade, Juventude e Crise.** Tradução de Álvaro Cabral. 2 ed. Rio de Janeiro: Zahar Editores, 1976.

ESTRELA, Albano. **Teoria e prática de observação de classes:** uma estratégia de formação de professores. 4. ed. Portugal: Porto Editora, 1994.

FACEBOOK. Rede social. Disponível em: <https//facebook.com/>. Acesso em: 20 fev. 2017.

_____. **State of Connectivity 2015:** *A Report on Global Internet Access.* Disponível em:<https://fbnewsroomus.files.wordpress.com/2016/02/state-of-connectivity--2015-2016-02-21-final.pdf>. Acesso em: 12 maio 2017.

_____. **Situação da conectividade em 2015:** um relatório sobre o acesso global à Internet. Disponível em: https://info.internet.org/pt/blog/2016/02/22/state-of-connectivity-2015-a-report-on-global-internet-access/. Acesso em: 10 ago. 2017.

_____. **Guia para educadores.** https://scontent.fbsb1-1.fna.fbcdn.net/v/t39.2365-6/14750201_1782850088651864_8855495447863623680_n.pdf?_nc_cat=0&oh=9b93f5107806c3ffc024927484892f8e&oe=5BDD3678>. Acesso em: 16 jul. 2018.

FAIRCLOUGH, Norman. **Discurso e mudança social.** Brasília: Editora da Universidade de Brasília, 2001 [1992].

_____. **Methods of critical discourse analysis.** Organizada por Wodak e Meyer. 2 ed. Londres: Sage, 2005.

FAIRCLOUGH, Isabela; FAIRCLOUGH, Norman. **Political discourse analysis:** a method for advanced students. New York: Routledge, 2012.

FACHIN, Odília. **Fundamentos da metodologia.** 4. ed. São Paulo: Saraiva, 2003.

FEIXA, Carles; FERNÁNDEZ-PLANELLS, Ariadna; FIGUERAS-MAZ, Mónica FiGueraS-Maz. Generación Hashtag. Los movimientos juveniles en la era de la web social. **Revista Latinoamericana de Ciencias Sociales, Niñez y Juventud,** 14 (1), p. 107-120, 2016.

FEIXA, Carles; LECCARDI, Carmem. O conceito de geração nas teorias sobre juventude. **Revista Sociedade e Estado.** v. 25. n. 2. maio/ago. pp. 185-203, 2010.

FERNANDES, Luiz Carlos do Carmo. Luhmann e as redes sociais. **Culturas Midiáticas:** Revista do Programa de Pós-Graduação em Comunicação da Universidade Federal da Paraíba. Ano VIII, n. 14 - jan-jun/2015. p. 36-49. Disponível em: <http://www.periodicos.ufpb.br/index.php/cm/article/viewFile/24704/13490#page=14&zoom=auto,-67,569>. Acesso em: 29 jul. 2018.

FEUER, L. **The conflict of generations,** Londres: Heinemann, 1968.

FlicKr. **Encontre sua inspiração.** Participe da comunidade do Flickr onde você encontra 13 bilhões de fotos e 2 milhões de grupos. Disponível em:<https://www.flickr.com/>. Acesso em: 5 jul. 2017.

FOUCAULT, Michel. **A ordem do discurso:** aula inaugural no Collège de France pronunciada em 2 de dezembro de 1970. Tradução Laura Fraga de Almeida Sampaio. 5. ed. São Paulo: Loyola, 1999 [1971].

_____. **Vigiar e punir:** nascimento da prisão. Trad. De Raquel Ramalhete. 36. Ed. Petrópolis, RJ: Vozes, 2009.

FREIRE, Paulo. **Pedagogia da autonomia:** saberes necessários à prática educativa. São Paulo: Paz e Terra, 1996.

_____. Paulo. **Pedagogia da Indignação:** cartas pedagógicas e outros escritos. São Paulo: Editora UNESP, 2000.

_____. **Educar com a mídia:** novos diálogos sobre educação. São Paulo: Paz e Terra, 2011.

FRICK, Loriane Trombini. **Estratégias de prevenção e contenção do bullying nas escolas:** as propostas governamentais e de pesquisa no Brasil e na Espanha. Presidente Prudente: [s.n.], 2016. 272 fl. Tese (Doutorado em Educação) – Universidade Estadual Paulista Julio de Mesquita Filho, Presidente Prudente, 2016. Disponível em: < ttps://repositorio.unesp.br/bitstream/handle/11449/136467/frick_lt_dr_prud.pdf?sequence=3&isAllowed=y>. Acesso em: 11 ago. 2017.

GIBSON, William. **Neuromancer.** [livro eletrônico]. Tradução Fábio Fernandes. São Paulo: Aleph, 2013. Disponível em: <https://www.e-livros.xyz/ver/neuromancer-william-gibson>. Acesso em: 9 maio 2017.

GIDDENS, Anthony. **Modernidade e Identidade.** Tradução, Plínio Dentzien. Rio de Janeiro: Jorge Zahar, 2002.

GIL, Antonio Carlos. **Como elaborar projetos de pesquisa.** 5. ed. São Paulo: Atlas, 2010.

GOFFMAN, Irving. **Estigma:** notas sobre a manipulação da identidade deteriorada. Tradução de Márcia Bandeira de Mello Leite Nunes. 4. ed. Rio de Janeiro: LTC, 2013.

GOMES, Flávio; MAZUOLLI, Valerio de Oliveira. **Comentários à Convenção Americana sobre direitos humanos:** Pacto de San José da Costa Rica. 4. ed. rev. atual. e ampl. São Paulo: Revista dos Tribunais, 2013.

GOMES, Candido Alberto; BRAGA, Mariana. Racismo e intolerância em Goiás: uma proposta integrativa de ações de reconhecimento e respeito. (in) OLIVEIRA, Irene Dias de (Org.) **Bullying submerso:** religião e etnicidade a escola. Pontificia Universidade Católica de Goiás (PUC/Goiás) São Paulo: Fonte Editorial, p. 11-30, 2015.

GIACCHETTA, André Zonaro; MENEGUETTI, Pamela Gabrielle. A garantia constitucional à inviolabilidade da intimidade e da vida privada como direito dos usuários no Marco Civil da Internet. (in) LEITE, George Salomão; LEMOS, Ronaldo (coordenadores). **Marco Civil da Internet.** São Paulo: Atlas, p. 375-391, 2014.

GROPPO, Luís Antonio. Dialética das juventudes modernas e contemporâneas. **Revista de Educação do Cogeime.** Ano 13. n. 25, p. 9-22, dezembro, 2004.

_____. Condição juvenil e modelos contemporâneos de analise social de juventudes. **Revista Ultima Década,** n. 39. CIDPA Valparaíso. p. 11-26, 2010.

_____. Teorias críticas da juventude: geração, moratória social e subculturas juvenis. **Em Tese.** v. 12. n. 1, jan./ jul., Florianópolis, 2015a.

_____. Teorias pós-críticas da juventude: juvenilização, tribalismo e socialização ativa. **Revista Latinoamericana de Ciencias Sociales, Niñez y Juventud.** 13 (2), p. 567-579, Colômbia, 2015b.

GUERRA, Sidney. **Direitos humanos:** curso elementar. São Paulo: Saraiva, 2013.

GUNTHER, Harmut. Pesquisa qualitativa *versus* pesquisa quantitativa: esta é a questão? **Revista Psicologia:** Teoria e Pesquisa. v. 22 n. 2 p. 201-210, maio/ago. 2006.

_____. **Métodos e técnicas de pesquisa social.** 6. ed. São Paulo: Atlas, 2008.

REFERÊNCIAS

GUPTA, Monica das. et al. Fundo das Nações Unidas para a População (UNFPA). **O poder de 1,8 bilhão:** adolescentes, jovens e a transformação do futuro. 2014. <http://www.unfpa.org.br/swop2014/link/prefacio.pdf>. Acesso em: 20 fev. 2017.

HART, C. **Doing a literature review:** releasing the social Science research imagination. Chapter 2, Londom: Sage, 1, 1998.

HERNÁNDEZ SAMPIERI, R.; FERNÁNDEZ COLLADO, C.; BAPTISTA LUCIO, P. **Metodologia de pesquisa.** 5. ed. Porto Alegre: Penso, 2013.

HUNTER, Nick. **Vencendo o cyberbullying.** Tradução Silva Ribeiro. 1. ed. São Paulo: Hedra Educação, 2012.

IBGE. Pesquisa nacional por amostra de domicílios contínua - PNAD contínua. Acesso à internet e à televisão e posse de telefone Móvel celular para uso pessoal. Disponível em:<ftp://ftp.ibge.gov.br/Trabalho_e_Rendimento/Pesquisa_Nacional_por_Amostra_de_Domicilios_continua/Anual/Acesso_Internet_Televisao_e_Posse_Telefone_Movel_2016/>.Analise_dos_Resultados.pdf Acesso em: 21 fev. 2017.

INSTAGRAN. **About us.** Disponível em: <https://www.instagram.com/?hl=pt-br>. Acesso em: 11 ago. 2017.

INSTAGRAM. WIKIPÉDIA. <Disponível em: https://pt.wikipedia.org/wiki/Instagram>. Acesso em: 6 abr. 2018.

Instituto Nacional de Pesquisas Educacionais Anísio Teixeira (INEP) da Educação (INEP). **Censo Escolar da Educação Básica 2016.** Disponível em: <http://download.inep.gov.br/educacao_basica/censo_escolar/notas_estatisticas/2017/notas_estatisticas_censo_escolar_da_educacao_basica_2016.pdf>. Acesso em: 23 abr. 2017

ISLAS, José Antonio Pérez. Juventude: um conceito em disputa. In: GUIMARÃES, Maria Teresa; SOUSA, Sônia M. Gomes (Org.). **Juventude e contemporaneidade: desafios e perspectivas.** 1. ed. Brasília: Secretaria Especial dos Direitos Humanos; Goiânia: Editora UFG; Cânone Editorial, 2009. p. 17-45.

JESUS, Damásio Evangelista de. *Stalking.* Jus Navigandi, Terezina, ano 12, n. 1655, 12 jan. 2008. Disponível em: <http://jus2.uol.com.br/doutrina>. Acesso em: 18 jun. 2017.

KARASINSKI, Eduardo. **Venha viver na sua cobertura e conversar com outras pessoas em um mundo virtual completo.** Disponível em: <https://www.baixaki.com.br/download/imvu.htm>. Acesso em: 11 jul. 2018.

KLEINA, Nilton. *WhatsApp* limita o compartilhamento de mensagens para 5 pessoas ou grupos. Disponível em:<https://www.tecmundo.com.br/ciencia/137970-whatsapp-limita-compartilhamento-mensagens-5-pessoas-grupos.htm>. Acesso em: 23 jan. 2019.

KOZINETS, Robert V. **Netnografia:** realizando pesquisa etnográfica online. Tradução Daniel Bueno; revisão técnica: Tatiana Melani Tosi, Raúl Ranauro Javales Júnior. Porto Alegre: Penso, 2014.

LEMOS, André. **Ciberespaço e tecnologias móveis.** Disponível em: <http://www.facom.ufba.br/ciberpesquisa/andrelemos/territorio.pdf>. Acesso em: 10 maio 2017.

LEHR, William; MCKNIGHT, Lee W. Wirel. Wireless Internet access: 3G vs. WiFi. **Telecommunications Policy.** volume 27, Issues 5–6, June–July 2003, Pages 351-370. Disponível em: <http://www.sciencedirect.com/science/article/pii/S0308596103000041>. Acesso em: 1 jul. 2017.

LEMERT, Edwin McCarthy. **Human Deviance, Social Problems and Social Control.** New York: 1967.

_____. **Social Pathology:** a systematic approach to the theory of sociopathic behavior. First edition. New York, Toronto, London: MacGRAW-HILL BOOK COMPANY, INC, 1951. Disponível em: <https://babel.hathitrust.org/cgi/pt?id=mdp.39015019068728;-view=1up;seq=10>. Acesso em: 21 abr. 2018.

LÉVY, Pierre. **Cibercultura**. Tradução Carlos Irineu da Costa. São Paulo: Editora 34, 2014.

_____. **O que é o virtual?** Tradução Paulo Neves. São Paulo: Editora 34, 2005.

LI, Quing. Cyberbullying in Schools: A Research of Gender Differences. **School Psychology International**. 2006. v. 27. Issue 2. pp. 157-170. Disponível em:<http://spi.sagepub.com/content/27/2/157>. Acesso em: 19 fev. 2018.

LIMA, Ana Maria de Albuquerque. **Cyberbullying e outros riscos na internet**: despertando a atenção de pais e professores. Rio de Janeiro: Walk Editora, 2011.

LINKEDIN. **O que é o Linkedin**. Disponível em: < https://www.oficinadanet.com.br/artigo/internet/o-que-e-o-linkedin>. Acesso em: 11 ago. 2017.

LISBOA, Carolina Saraiva de Macedo e al. Mitos e fatos sobre o Bullying. (in) LISBOA, Carolina Saraiva de Macedo; WENDT, Guilherme Welter; PUREZA, Juliana da Rosa. **Mitos e fatos sobre o bullying**: orientações para pais e profissionais. Novo Hamburgo: Sinopsys, 2014, p. 15-27.

LOPES JÚNIOR, Aury. **Direito processual penal**. 14. ed. São Paulo: Saraiva, 2017.

LUHMANN, Niklas. **A realidade dos meios de comunicação**. Tradução Ciro Marcondes Filho. São Paulo: Paulus, 2005.

MALDONADO. Maria Teresa. **Bullying e Cyberbullying**: o que fazemos com o que fazem conosco? 1. Ed. São Paulo: Moderna, 2011.

MANNHEIN, Karl. O problema da juventude na sociedade moderna. (in) BRITO, Sulamita. (organizadora). **Sociologia da Juventude, I da Europa de Marx à América de hoje**. Rio de Janeiro: Zahar Editores, p. 69-94, 1968.

_____. El problema de las generaciones. [tradução: Ignacio Sánchez de la Yncera]. **Revista Española de Investigaciones Sociológicas** *(REIS)*, n. 62, pp. 193-242, 1993.

MARCONI. Marina de Andrade; LAKATOS, Eva Maria. **Fundamentos da metodologia científica**. 7. ed. São Paulo: Atlas, 2010.

MARGULIS, Mario; URRESTI, Marcelo. La juventude es más que uma palabra. (In) ARIOVICH et al. **La juventude es más que uma palabra**. Editor. Mario Margulis. 3. Ed. Buenos Aires: Biblos, p. 13-28, 2008.

MARTINO, Mauro Sá; MARQUES, Angela Cristina Salgueiro. **Teorias da comunicação**: processos, desafios e limites. São Paulo: Plêiade, 2015.

MEAD, George. Herbert. **Espiritu, persona y sociedad**: desde el punto de vista del conductismo social. Buenos Aires: Paidós, 1972.

MEAD, George Herbert. **Mind, Self, and Society**. The University Of Chicago Press. 1974.

MELO COSTA, Joana Simões de; ULYSSEA, Gabriel. O fenômeno dos jovens nem-nem. (In) **Desafios à trajetória profissional dos jovens brasileiros**. Organizadores: Carlos Henrique Corseuil, Rosana Ulhôa Botelho. Rio de Janeiro: Ipea, p. 117-137, 2014.

MENDEL, Gérard. **La crisis de generaciones**. Barcelona: Ediciones Península,1972.

MOODLE. **Community driven, globally supported**. Disponível em: <https://moodle.org/?lang=pt_br>. Acesso em: 22 maio 2017.

_____. **O que é moodle?** Disponível em:https://www.moodlelivre.com.br/tutoriais-e--dicas/974-o-que-e-moodle. Acesso em: 11 ago. 2017.

MOREIRA Dirceu. **Transtorno do assédio moral-bullying**: a violência silenciosa. 2. ed. Rio de Janeiro: Walk Editora, 2012.

NEWALL, Mallory. *Cyberbullying*: a global advisor survey. Instituto Ipsos, p. 1-12, june, 2018. Disponível em: <https://www.ipsos.com/sites/default/files/ct/news/documents/2018-06/cyberbullying_june2018.pdf>. Acesso em: 15 out. 2018.

ORGANIZAÇÃO DAS NAÇÕES UNIDAS (ONU). **Declaração Universal dos Direitos Humanos**. Adotada e proclamada pela resolução 217 A (III) da Assembleia Geral das Nações

REFERÊNCIAS

Unidas em 10 de dezembro de 1948. Disponível em: <http://portal.mj.gov.br/sedh/ct/legis_intern/ddh_bib_inter_universal.htm>. Acesso em: 10 nov. 2016.

OLWEUS, Dans. **Bullying at scholl**. What we know and what we can do. London: Blackwell, 1993.

_____. Cyberbullying: Na overrated phenomenon? In: **European Journal of Developmental Psychology**. v. 9, Issue 5. pp. 20-568, 2012. Disponível em: <https://www.researchgate.net/profile/Dan_Olweus/publication/254222937_Cyberbullying_An_overrated_phenomenon/links/58527d8508aef7d030a4e9dc.pdf>. Acesso em: 20 fev. 2018.

ORLANDI, Eni Pulcinelli. **A linguagem e seu funcionamento**: as formas do discurso. São Paulo: Brasiliense, 1983.

ORGANIZAÇÃO MUNDIAL DA SAÚDE (OMS). **World report on violence and health** (Relatório Mundial sobre violência e saúde). Editado por Etienne G. Krug et al. Genebra: Suíça, 2002.

ORTEGA Y GASSET, J. (1966). "La idea de las generaciones", *El tema de nuestro tiempo*, *Obras completas*, Vol. 3, Madri: Revista de Occidente, pp. 145-156 [*The modern theme*, Nova York: Harper & Row, 1961] [1923].

_____ (1970). "El método histórico de las generaciones", *En torno a Galileo*, *Obras completas*, Vol. 5, Madri: Revista de Occidente, pp. 11-71 [Man and crisis, Nova ork: Allen & Unwin, 1959] [1933].

_____(1996). "Juventud, cuerpo", in *Meditaciones de nuestro tiempo. Las conferencias de Buenos Aires 1916-1928*, México: FCE, pp. 207-228 [1928].

PAIS, José Machado. A construção sociológica da juventude: alguns contributos. **Análise Social**. v. XXV (105-106), p.139-165, 1990. *Disponível em:<xa.yimg.com/kq/groups/25293257/752731297/name/texto+pais+100.pdf>. Acesso em: 11 abr. 2017.*

PARSONS, Talcott. **A sociologia americana**: perspectivas, problemas métodos. (Org.) Talcott Parsons. Traduzido por Octavio Mendes Cajado. São Paulo: Cultrix, 1968.

PETRA, Kralj Novak, et al. Sentiment of Emojis. **PLOS ONE | DOI:10.1371/journal.pone.0144296.** December 7, p. 1-22, 2015. Disponível em: http://journals.plos.org/plosone/article?id=10.1371/journal.pone.0144296#references>. Acesso em: 3 abr. 2018.

PLANO NACIONAL DE EDUCAÇÃO EM DIREITOS HUMANOS (PNEDH). UNESCO (2009). **Comitê Nacional de Educação em Direitos Humanos**. Brasília: Secretaria Especial dos Direitos Humanos, Ministério da Educação, Ministério da Justiça. Disponível em: http://www.scielo.br/pdf/soc/n16/a03n16.pdf>. Acesso em: 16 nov. 2016.

POZO, Maritza Urteaga Castro. De jóvenes contemporâneos: Trendys, emprededores y empresários culturales. (in) CANCLINI, Néstor García; CRUCES, Francisco; POZO, Maritza Urteaga Castro (Coord.). **Jóvenes, culturas urbanas y redes digitales. Prácticas emergentes en las artes, las editoriales y la música**. 1. ed. Buenos Aires: Ariel, p. 24-35, 2012.

PIERONI, Vittorio; FERMINO, Antonia; CALIMAN, Geraldo. **Pedagogia da alteridade**: para viajar a Cosmópolis. Brasília: Liber Livro, 2014.

PIOVESAM, Flávia. Direito à privacidade e à liberdade de viver sem medo. (in) **Os direitos humanos desafiando o século XXI**. Ordem dos Advogados do Brasil. Brasília: OAB Conselho Federal. Comissão Nacional dos Direitos Humanos, p. 59-62, 2009.

PIZA, Mariana Vassallo. O fenômeno Instagram: considerações sob a perspectiva tecnológica. 2012. 48 f., il. **Monografia** (Bacharelado em Ciências Sociais) - Universidade de Brasília, Brasília, 2012. Disponível em: <http://bdm.unb.br/bitstream/10483/3243/1/2012_MarianaVassalloPiza.pdf >. Acesso em: 6 abr. 2018.

PONTE, Cristina; VIEIRA, Nelson. **Crianças e Internet, riscos e oportunidades. Um desafio para a agenda de pesquisa nacional.** Moisés de Lemos Martins & Manuel Pinto (Orgs.). (2008) pp. 1-10. *Comunicação e Cidadania - Actas do 5o Congresso da Associação Portuguesa de Ciências da Comunicação.* 6 - 8 Setembro 2007, Braga: Centro de Estudos de Comunicação e Sociedade *Universidade Nova de Lisboa e Universidade Técnica de Lisboa* (Universidade do Minho). Disponível em:<https://scholar.google.com.br/scholar?cluster=17761151163270375136&hl=pt-BR&as_sdt=0,5>. Acesso em: 13 jul. 2018.

RASMUSSEM, Bruna. CANALTECH. **O que é Instagram?** Disponível em: <http://canaltech.com.br/o-que-e/instagram/o-que-e- instagram/>. Acesso em: 6 abr. 2018.

RIBEIRO, Neide Aparecida. **A coleta da prova nos ilícitos virtuais.** Goiânia, 230 f. Dissertação (Mestrado em Direito) – Universidade Federal de Goiás: Goiânia, 2006.

_____. A trajetória da criminalidade patrimonial nas legislações brasileiras à luz da criminologia crítica. **Direito em Ação: Revista do Curso de Direito da Universidade Católica de Brasília.** Brasília, v.10, n.1, p. 99-129. jan./jun. 2013. Disponível em: https://portalrevistas.ucb.br/index.php/RDA/article/view/5083/3231Acesso em: 9 mar. 2018.

RIBEIRO, Neide Aparecida. Reabilitação criminal: o papel da educação social em processos de violência e exclusão. **Revista Interacções.** v. 11. n. 38. 2015. pp. 80-101. Disponível em:<*http://revistas.rcaap.pt/interaccoes/article/view/8493*>. Acesso em: 16 fev. 2018.

ROCHA, Telma Brito. **Cyberbullying:** ódio, violência virtual e profissão docente. Brasília: Liber Livro, 2012.

RODRIGUES, Rui Martinho. **Pesquisa acadêmica:** como facilitar o processo de preparação de suas etapas. São Paulo: Atlas, 2007.

RUA, Maria das Graças. **Políticas Públicas.** Florianópolis: Departamento de Ciências da Administração/UFSC; [Brasília]: Capes: UAB, 2009. Disponível em: <http://portal.virtual.ufpb.br/biblioteca-virtual/files/pub_1291087408.pdf>. Acesso em: 20 nov. 2015. (pp.1-88).

RUIC, Gabriela. **Jovem mata namorado acidentalmente em gravação para o YouTube.** Disponível em: <http://exame.abril.com.br/mundo/jovem-mata-namorado-com-tiro--para-video-no-youtube/>. Acesso em: 1 jul. 2017.

SAFERNET. Indicadores HelLine (2007/2016). Disponível em: http://helpline.org.br/indicadores/>. Acesso em: 10 mar. 2017.

SAMPAIO, Sônia Maria Rocha; SANTOS, Georgina Gonçalves dos. O interacionismo simbólico como abordagem teórica aos fenômenos educativos. **Revista Tempos e Espaços em Educação.** v. 06, jan./jun. 2011, pp. 91-100. Disponível em: <https://seer.ufs.br/index.php/revtee/article/view/2245/1916>. Acesso em: 22 abr. 2018.

SANTAELLA, Lúcia. **Linguagens líquidas na era da mobilidade.** São Paulo: Paulus, 2007.

_____. **Navegar no ciberespaço:** o perfil cognitivo do leitor imersivo. São Paulo: Paulus, 2004.

SAFERNET. Brasil. **Preocupado com o que acontece na internet:** quer conversar? / Organizadores: Juliana Andrade Cunha, Rodrigo Nejm. 2. ed. Salvador: 2012

SANCHEZ, Marcio Jose. Com 50 milhões de usuários, Brasil é o segundo no *ranking* do Instagram. **Jornal Folha de São Paulo.** Disponível em: http://www1.folha.uol.com.br/mercado/2017/10/1931057-com-50-milhoes-de-usuarios-brasil-e-segundo-no-ranking--do-instagram.shtml >. Acesso em: 6 abr. 2018.

SANTANA, Edésio. ***Bullying & cyberbullying:*** agressões presenciais e a distância: o que os educadores e pais devem saber. São Paulo: EDICON, 2011.

REFERÊNCIAS

SANTOS, Pablo Silva Machado Bispo dos. **Guia prático da política educacional no Brasil**: Ações, planos, programas e impactos. 2. ed. rev. e ampl. São Paulo: Cengage Learning, 2014.

SANTOS, Pedro António dos; KIENEM Nádia; CASTIÑERA, Maria Inês. **Metodologia da pesquisa social**: da proposição de um problema à redação e apresentação do relatório. São Paulo: Atlas, 2015.

SAVAGE, Jon. **A criação da juventude**: como o conceito de teenage revolucionou o século XX. Tradução de Talita M. Rodrigues. Rio de Janeiro: Rocco, 2009.

SEIXAS, Sónia; FERNANDES, Luís; DE MORAIS, Tito. *CYBERBULLYING*: um guia para pais e educadores. Lisboa, Portugal: Plátano Editora, 2016.

SHARIFF, Shahenn. *Ciberbullying*: questões e soluções para a escola, a sala de aula e a família. Porto Alegre: ArtMed, 2008.

_____. **Confronting Cyber-Bullying**: what scholls need to know to controll misconduct and avoid legal consequences. New York, EUA: Cambridge University Press, 2009.

SHECAIRA, Sérgio Salomão. **Criminologia**. São Paulo: Editora Revista dos Tribunais, 2004.

SIBILIA, Paula. **Redes ou paredes**: a escola em tempos de dispersão. Tradução Vera Ribeiro. Rio de Janeiro. Contraponto, 2012.

SIMMEL, Georg. **Questões fundamentais da sociologia**: indivíduo e sociedade. Tradução Pedro Caldas. Rio de Janeiro: Zahar, 2006.

SLONJE, Robert; SMITH K. Peter. Cyberbullying: Another main type of bullying? Personality and Social Sciences. **Scandinavian Journal of Psychology**, 2008, 49, pp. 147–154. Disponível em: <https://www.ncbi.nlm.nih.gov/pubmed/18352984>. Acesso em: 20 fev. 2018.

SMITH, Gregory S. **Como proteger seus filhos na Internet**: um guia para pais e professores. Traduzido por Adauri Brezolin. Ribeirão Preto, SP: Novo Conceito, 2009.

SNAPCHAT. **O que é Snapchat? Para que serve? Como funciona?** Disponível em: < http://escoladatecnologia.com.br/o-que-e-snapchat-para-que-serve-como-funciona/ Acesso em: 11 ago. 2017.

SOUSA, Carlos Angelo de Meneses; GOMES, Candido Alberto da Costa. A juventude na ótica de policiais: a negação do direito na aparência. **Linhas Críticas**, v. 17, n. 34, p. 527-543, set./dez., Brasília: DF, 2011.

SOUZA, Celina. Políticas públicas: uma revisão de literatura. **Revista Sociologias**. Porto Alegre, ano 8, n° 16, jul./dez. p. 20-45, 2006.

SOSA, Armando Cisneros. Interaccionismo simbólico, um pragmatismo acrítico en el terreno de los movimientos sociales. **Sociológica**. Año 13. Numero 41, septiembre-diciembre, pp. 2-25,1999.

TANNENBAUM, Frank. **Crime and Community**. New York and London: Columbia University Press. 1938. Disponível em: <https://babel.hathitrust.org/cgi/pt?id=mdp.39015003659664;view=1up;seq=5>. Acesso em: 20 abr. 2018.

TAPSCOTT, Don. **Geração digital**: A crescente e irreversível ascenção da geraçao Net. Tradução Ruth Bahar; Revisão técnica Luiz Ricardo Figueiredo. São Paulo: MAKRON *Books*, 1999.

THOMPSON, John B. **A mídia e a modernidade**: uma teoria social da mídia. Tradução de Wagner de Oliveira Brandão; revisão da tradução Leonardo Avritzer. Petrópolis: RJ: Vozes, 1998.

TOCANTINS. **Escolas municipais de Palmas**. Disponível em: <http://www.palmas.to.gov.br/servicos/escolas-municipais/56/>. Acesso em: 4 abr. 2017.

TOURIÑO, Alejandro. **El derecho al olvido y a la intimidad em internet**. Catarata, 2014.

TWITTER. O que é o Twitter e para quê ele serve? Disponível em:< http://forum.techtudo. com.br/perguntas/55241/o-que-e-twitter-e-para-que-ele-serve. Acesso em: 11 ago. 2017.

UNESCO. **Resposta do Setor de Educação ao *bullying* homofóbico**. Brasília: UNESCO, 2013. Disponível em: <http://unesdoc.unesco.org/images/0022/002213/221314por. pdf>. Acesso em: 19 fev. 2018.

UNFPA. Fundo das Nações Unidas para a População. **O poder de 1,8 bilhão de jovens: adolescentes, jovens e a transformação do futuro**. Disponível em:<http://unfpa. org.br/Arquivos/swop2014.pdf>. Acesso em: 8 maio 2017.

UNICEF. Declaração Universal dos Direitos da Criança, 1959. Disponível em:< ttps://www. unicef.org/brazil/pt/resources_10120.htm>. Acesso em: 5 jul. 2017.

VASCONCELOS, Ivar César Oliveira de. **Interação entre experiências sociais de jovens estudantes e de professores universitários**: decifrando diálogos. 632 f. Tese (Doutorado em Educação) – Universidade Católica de Brasília, Brasília, 2014.

VIEIRA, Sonia. **Como elaborar questionários**. São Paulo: Atlas, 2009.

VASCONCELOS, et al. Programa Bolsa Família e a geração "nem-nem": evidências para o Brasil. **Revista Brasileira de Economia**. Rio de Janeiro, v. 71, n. 2, p. 233-257, mar./ jun, 2017.

VELHO, Gilberto. O estudo do comportamento desviante: a contribuição da antropologia social. _____. (In) **Desvio e Divergência**: uma crítica da patologia social. 3. ed. Zahar Editores: Rio de janeiro, 1979, pp. 11-28.

WILDAVSKY, Aaron. **Speaking Truth to Power**. The Art and Craft of Policy Analysis. Little, Brown & Co. Boston: 1979.

WELLER, Vivian. Atualidade do conceito de gerações de Karl Mannheim. **Revista Sociedade e Estado [on line]**. vol. 25. n. 2, maio/ago. 2010, pp. 205-224. Disponível em: http://www.scielo.br/pdf/se/v25n2/04.pdf. Acesso em: 24 jan. 2018.

WENDT, Guilherme Welter; WEBER, João Luís Almeida. Discutindo agressão e vitimização eletrônica. (In) LISBOA, Carolina Saraiva de; WELDT, Guilherme; PUREZA, Juliana da Rosa. **Mitos e fatos sobre o bullying**: orientações para pais e profissionais. Novo Hamburgo: Sinopsys, p. 41-49, 2014.

WOLF, Mauro. **Teorias da Comunicação**: Mass media: contextos e paradigmas Novas tendências. Efeitos a longo prazo. O newsmaking. 8. ed. Tradução: Maria Jorge Vilar de Figueiredo. Lisboa, Portugal: Editorial Presença, 1995.

WOLTON, Dominique. **Internet e depois?** Uma teoria crítica das novas mídias. Trad. Isabel Crossetti. 3. ed. Porto Alegre: Sulina, 2012.

WORLDOMETERS. Disponível em: <http://www.worldometers.info/br/>. Acesso em: 11 maio 2017.

YOUTUBE. **Como usar.** Disponível em: <https://www.youtube.com/user/YouTubeBrasil>. 11 ago. 2017.

ZAFFARONI, Eugênio Raúl; BATISTA, Nilo: ALAGIA, Alejandro, et al. **Direito penal brasileiro**. Primeiro volume. Teoria geral do direito penal. 2. ed. Rio de Janeiro: Revan, 2003.

_____. **A palavra dos mortos**: conferências de criminologia cautelar. Coordenadores: Luiz Flávio Gomes, Alice Bianchini. São Paulo: Saraiva, 2012.